¿AMOR O MALTRATO?

¿AMOR O MALTRATO?

Reflexiones y claves para entender mejor el entorno del perro

Coqui Vega

[ushuaia]

[ushuaia]

Carretera de Igualada 71, 2º - 8ª
43420 Santa Coloma de Queralt
info@ushuaiaediciones.es
www.ushuaiaediciones.es

Primera edición: diciembre de 2019

ISBN: 978-84-16496-51-8
ISBN Ebook: 978-84-16496-52-5
Depósito legal: T. 1501-2019

Diseño y maquetación: Dondesea, servicios editoriales

Impreso en España – *Printed in Spain*

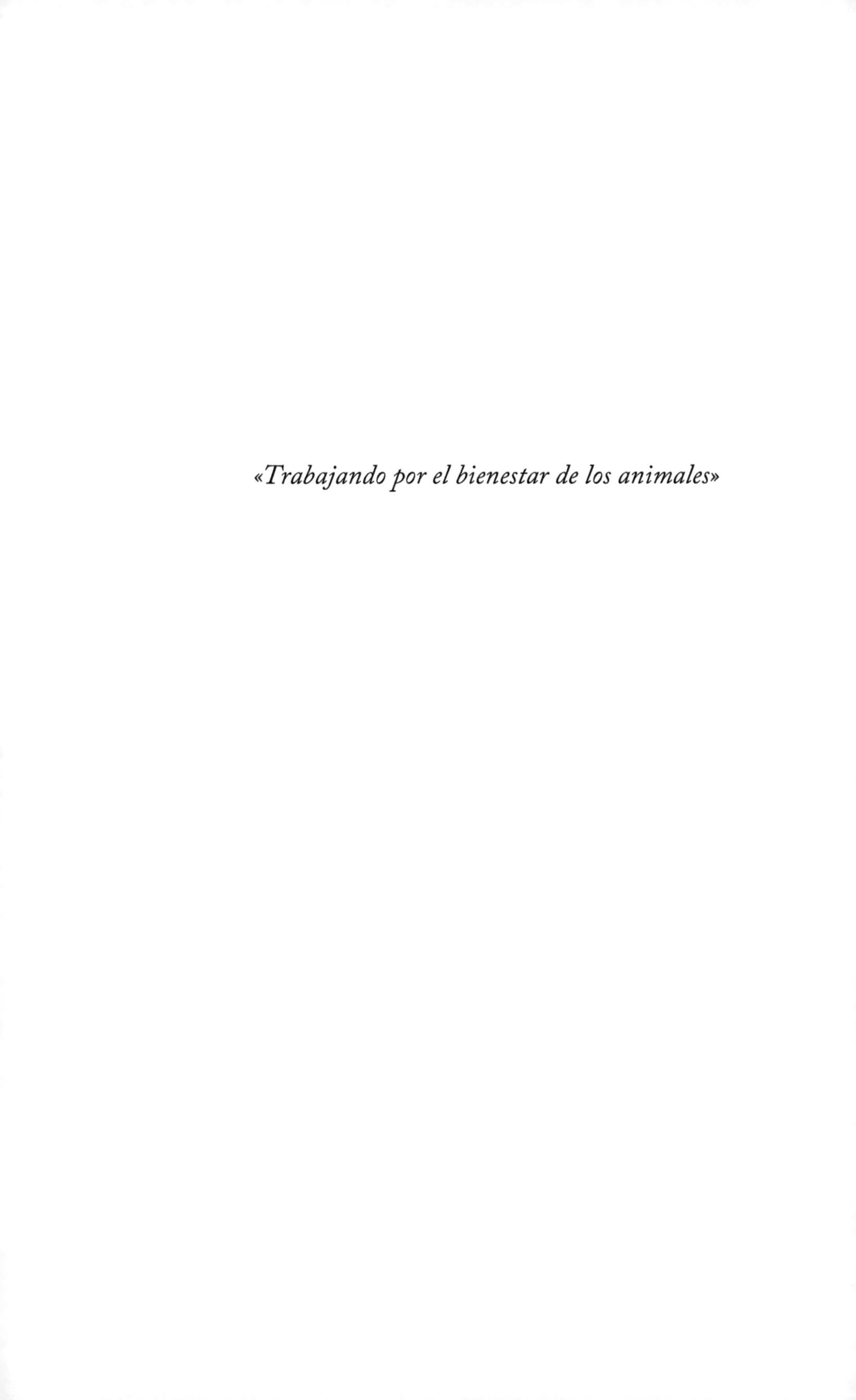

«Trabajando por el bienestar de los animales»

Índice

Nota del autor

Después de tantos años tratando y trabajando con nuestros queridos amigos los perros y con sus responsables, he ido dándome cuenta de diversas cosas que vamos haciendo los humanos con los animales, tanto con los de fuera de casa como los de nuestro hogar. Ello me dio la idea de plasmar en este libro, corto pero conciso, de lo que es la realidad de un animal como es el perro viviendo en nuestra sociedad. Realmente parece mentira que haga ya más de 15 000 años que está entre los humanos, conviviendo o viviendo en forma doméstica, y por la incomprensión de la especie más «inteligente» y «poderosa» sobre la faz de la Tierra (se entienden las comillas, ¿verdad?, no hace falta explicación alguna…), creo que se siguen cometiendo errores desde entonces, errores aún más imperdonables en los tiempos que corren hoy en día, con la información que hay por medios electrónicos y con las experiencias que se ven en el día a día. Y por la evolución misma que hemos ido teniendo, es decir, no vivimos con el palo o el garrote como en las épocas de las cavernas que todo se arreglaba a golpes, hoy hay métodos más gentiles para aplicar.

Alguien me comentó una vez hablando de este tema: «Pero si las personas no se entienden entre ellas, ¿cómo quieres que entiendan a los animales?». Mi respuesta fue simple, tajante e inmediata: «Entonces, dejad a los animales en paz, dejarlos tranquilos, no interfiráis en sus vidas. Esa será la mejor manera de respetarlos, empatizando con ellos y estar todos viviendo en perfecta armonía».

En estos más de 10 años de trabajo como educador y terapeuta canino han pasado tantos casos que realmente uno se plantea con gran dolor: ¿el hombre está preparado para (digamos así) domesticar a un animal?, ¿está preparado para tener un animal de compañía y compartir su vida con él, sea perro, caballo, pájaro o el que sea? Pues desde mi punto de vista, creo fehacientemente que no, y con esto no digo que yo esté capacitado, pues no lo estoy ni lo estaré, solo que mediante los conocimientos que uno va teniendo con el pasar de los años puede comprender y empatizar más o menos con nuestros perros domésticos o con caballos de hípicas o loros enjaulados para su venta en los Garden o tiendas de animales. Aparte de esto, ya están ellos en nuestras vidas, porque ya estaban cuando nosotros llegamos, de modo que es nuestro deber o responsabilidad darles unas buenas y aceptables vidas dentro de nuestras posibilidades y dentro de lo que podemos hacer de bien por y para ellos.

En estos años también aprendí a diferenciar a la gente *mascotera* de las personas animalistas. Los primeros son aquellos que les gusta tener una mascota. En definición, según mi opinión, una mascota es un trofeo viviente de algún bicho que pueda manipular, usar y/o mostrar a sus amigos o familias.

Y los animalistas son aquellos que luchan por los derechos de los animales, sean de la especie que sean. Defienden sus derechos a vivir dignamente, sobre todo en libertad. Pero si es en cautiverio, que sea la mejor manera posible y por encima de todo sin maltrato. Al animalista le gusta admirar de los animales sus colores, sus cantos, sus pelajes, sus movimientos y a disfrutar de ellos como lo que son, animales libres, que son parte del complejo engranaje de un sistema ecológico entre flora y fauna, necesarios cada uno de ellos en lo suyo para que el sistema ecológico y biológico funcione en armonía y a la perfección.

En cambio, los *mascoteros* son personas que no aprecian nada de lo natural, son gente que van haciendo modificaciones de hábitos o genéticas de animales. En casos concretos, por ejemplo de criaderos, cada uno amolda la mascota a su gusto y placer para beneficio propio o ajeno. Porque hay un comercio que lo demanda: los *mascoteros*.

Piensen ustedes que los perros son bichos que han descendido del lobo, por lo que debería tener alguna variante genética o morfológica muy escasa, pero tras tantos años de convivencia con el hombre hay contabilizadas (daré cifras redondas para no entrar en debate por este tema) unas 400 razas reconocidas, aunque algunos textos hablan de 700, y el número va creciendo año a año. ¿Esto es normal? No, no lo es, lo que sucede es que se van haciendo trabajos genéticos para modificar a cada raza de perro ya existente en otra raza a conveniencia del humano. Los modifican para que sean más pequeños y manejables, para que la señora de turno pueda tenerlo en su falda y tenga a quien acariciar o con quien estar, ya que en su entorno familiar no tiene quien llene esa carencia. O los modifican para que cuiden sus casas en lugar de gastar en alarmas, o lo alteran genéticamente para que salten más alto, corran más rápido, peleen mejor entre ellos o cualquier actividad de competición (no diré deportiva, porque no lo es) donde ganen trofeos para que el deportista frustrado que tienen en su interior sus responsables llene ese vacío con los logros del can y así pueda mostrar orgulloso en su salón de casa los trofeos de triunfos, como si los hubiera obtenido él.

Como si fueran los dueños de la vida, modifican genéticamente todo tipo de animales, los hacen con pelos, sin pelos, con orejas así, con orejas asá, con el hocico aplastado porque alguien pensó que eran más fuertes de mandíbulas (aun cuando no pueden respirar correctamente), con patas cortas para que sean más fuertes, con orejas más largas para que rastren mejor, etc. Un despropósito y un maltrato ya antes de nacer, que se debería llamar «maltrato genético». ¿Hasta cuándo los humanos han de manipular todo lo que cae en sus manos? Una pregunta sin respuesta.

Tengo la intención de escribir este libro no desde el punto de vista de estar en contra en todo o de descargar una rabia, que puede ser la rabia de muchos animalistas, lógicamente, sino con el fin de que la gente comience a darse cuenta de todo lo que hay detrás del comercio de los animales. Sé que hay mucho escrito sobre esto y mucho mejor de lo que pueda explicarlo yo, pero lo iré dando desde el punto de vista del educador y terapeuta canino, ya que desde esta perspectiva del educador, entrenador o adiestrador canino, apenas hay quien se atreva a contar la realidad en la que viven los perros de todo el mundo, en este mundillo donde prima el dinero, el comercio a costa del sufrimiento animal y el poder de ser el mejor... ¿En qué? No sé, pero ser el mejor.

Dedicatoria y agradecimientos

Quiero agradecer profundamente a una persona que fue la impulsora para que escribiera este libro. Ella es María, una mujer animalista como pocas y muy comprometida con el bienestar de todos, no solo de los perros, sino de todos los animales del mundo, desde una hormiga a un elefante, da igual, para ella todo es vida que merece estar bien y vivir dignamente.

Gracias, María, por todo lo que das, por todo lo que irradias y por empujarme a esta realización, que como bien hemos dicho, no se ha escrito para juzgar ni criticar, solo que desde la impotencia que nos envuelve día a día de no poder hacer más para ayudar, porque nos encontramos con trabas, al menos con este libro podamos ir abriendo puertas y ojos a las personas y autoridades para un mejor bienestar de los animales en este mundo.

Y así, María, que sea más fácil la labor que realizas en beneficio de ellos, a ti con este agradecimiento, y el «muchas gracias» a todas las personas que colaboran, desde lo que pueden y como pueden, con protectoras, perreras, asociaciones, fundaciones y todo aquello que este en defensa de los animales.

Gracias por levantarte cada mañana con el gran propósito de dar amor y luz a los animales; gracias por dedicar bienes materiales, tiempo de tu vida a salvar y cuidar a los que menos pueden defenderse: ellos, los animales.

Por todo esto y mucho más, infinitamente te digo gracias por la comprensión, la paciencia y el amor que pones en todas tus acciones en salvaguardar la vida de tantas vidas.

Un poco de historia personal

Allá por el 2007, cuando comencé con esta apasionante profesión de educador canino, lo hice con mucha ilusión, dedicación y profesionalismo. Creía absolutamente en la ayuda que se le podía brindar a un responsable que tuviera un problema de conducta con su perro. Por entonces no tenía casi conocimientos sobre perros, por lo que me puse a estudiar y hacer todo tipo de cursos.

Lo que sabía hasta entonces era por haber tenido en mi provincia natal, Mendoza (Argentina), los perros en casa. Claro, hablamos de unos 30 o 40 años atrás, donde el perro ni siquiera estaba considerado parte de la familia; vivía en la calle, se le daba de comer y poca cosa más. Pero él, fiel a la casa donde recibía el alimento, era ya parte de esa manada, así que a cambio del alimento que recibía, cuidaba, dando aviso, de alguna amenaza o de alguien que llegara de visita a casa… y no mucho más. Esa era toda la interacción que había con ellos. En contadas ocasiones se les dejaba entrar en casa y podían vivir en el patio: se les ponía una manta en el suelo y ellos se enroscaban como cruasanes y allí pasaban la noche.

La interacción más grande que se tenía (que recuerdo de cuando niño) era que el perro te acompañaba a todas partes, al almacén para hacerlas compras, hasta el colegio o se quedaban esperando al lado de la pista en un partido de fútbol organizado por los chicos del barrio. Si íbamos en bicicleta a algún lado, ellos corrían a la par nuestra, a modo de compañía, pero solo eso; no se les hacían caricias, no se jugaba con ellos, no dormían con nosotros... Es más, casi siempre los perros dormían afuera al raso. Mendoza es una provincia en la que hace mucho frío en invierno y el perro estaba fuera, y no nos plateábamos el hecho de que si tendría frío o no, ni sufríamos por esto; para entonces esto era lo normal, lo natural y nuestros perros vivían muchos años y morían de viejos.

Recuerdo que en la casa del pueblo donde vivían mis abuelos el perro dormía dentro de casa (siempre en el patio, claro), a las 7 de la mañana se le abría la puerta de calle y él se iba a vagabundear (como quien dice), a recorrer el vecindario, a juntarse con otros perros, en fin, a hacer vida de perro, como se decía normalmente. Sí, me dirán: «Claro, pero el tráfico y los coches no eran los mismos que ahora». Sí, por supuesto que los había, y los perros se desenvolvían perfectamente, eran perros de la calle con experiencias de vida muy distintas a las de los perros de ahora. Además, todas las personas respetaban a los perros y no se metían con ellos: el perro era perro (visión de pueblo).

Los perros no ocasionaban problemas, todos los vecinos conocíamos a todos los perros del pueblo, que por cierto, no tenían nombre. Bueno, alguno lo tenía (no nombres, sino apodos), pero a los perros se los conocía diciendo de quién era; a los de mis abuelos la gente les decía: «Este es el perro de los Vega». Y estaba el perro de los Gómez, el de los Pérez... Este mismo perro que había salido por la mañana de casa volvía sobre el mediodía porque era la hora de comer y hacer la siesta. Era en definitiva nuestro perro a pesar de que no estaba dentro de la casa.

La comida era otra cosa a tener en cuenta. No se conocía el pienso o el alimento balanceado para perros, por lo se le daba todo tipo de sobras de lo que nos quedaba a los humanos, pero no en la mesa a la hora de comer nosotros, sino después de que se levantaban todos de la mesa. Era el momento en que me mandaban mis abuelos a mí (en este caso) darle las sobras al perro. Eso era lo normal y lo que sea acostumbraba y no había perros que estuvieran enfermos, ni gordos, pero eso sí, bien alimentados y bien educados en este aspecto estaban, ya que nunca se los vio al lado de la mesa pidiendo comida, ellos tenían su lugar y los humanos el nuestro y había un gran respeto en ello.

Y los nombres (o más bien apodos) de los canes eran acorde a cuestiones la vida diaria de cada casa o de cosas naturales: el Tornado, el Tigre, el Relámpago, la China (la compañera del gaucho), la Niebla... Hoy en día son nombres de cantantes, futbolistas o actores: el Michel, el Leo, la Britney, la Jennifer..., en fin, una desnaturalización global y total, aunque bueno, en definitiva este aspecto no es tan malo, solo que sirva de comparación de una época a otra. Aunque hay que aclarar que aun con nombres de famosos, a muchos responsables les cuesta que sus perros vayan cuando los llaman.

La diferencia de aquella etapa de mi vida, de mi infancia o adolescencia, es que el perro hacía de perro y la gente de gente. Han pasado muchas cosas en nuestra sociedad actual, en la cual se ha cambiado el rol del perro doméstico. Ayer el perro no tenía problemas de conducta, estaba equilibrado, era tranquilo y educado, se relacionaba con todos los perros del barrio y no había peleas ni altercados, eran perros que no subían al sofá, no ladraban de noche, no mordían muebles ni zapatillas, y no sufrían ansiedad por separación. ¿Y todo esto por qué? Porque el perro hacía vida de perro. El hecho de salir temprano a la mañana le servía para estar con otros perros, hablar en su idioma canino, relacionarse con los mismos de su especie, de sensibilizarse de coches, ruidos, bicicletas... y de relacionarse con gente, lo que le permitía todo ello vivir en armonía con el entorno.

Hoy en día un perro que vive en un séptimo piso en Barcelona y sale una hora al día para hacer sus necesidades ¿podemos pretender que sea equilibrado, sociable y sensibilizado como los perros de antaño, que tenían todas estas vivencias y hacían vida de perro? Complicado, ¿verdad? Pues si tu perro lleva esta vida, por favor, replantéate si debes tener en un futuro otro perro. Ahora, si vives en un piso y le das las actividades diarias que un perro necesita y las actividades psicológicas y sociales para que esté equilibrado, enhorabuena hacia ti de mi parte.

Lo único que se tenía en cuenta en la mayoría de los casos en aquellos años en mi pueblo de Mendoza era que en época de celos de las perras no se dejaran sueltas para no tener camadas no deseadas; recuerdo mucho esos tiempos, que se estaba muy pendiente de esto. Todos los vecinos se preocupaban de preservar esta parte, porque había muchos perros como para que vinieran más. Por supuesto que siempre alguna perra se escapaba y era montada, pero créanme, eran casos muy puntuales.

Yo recuerdo que en el pueblo (como en la mayoría de los pueblos) no existía el veterinario para perros; si un perro tenía un problema de enfermedad que no fuera grave solo se atendía con las medicinas del abuelo, antibióticos y poca cosa más, agua jabón para las heridas y al sol para que se les secaran, luego el perro con la lengua y su saliva harían el resto. Y si era realmente grave, había que ir a la ciudad, que allí sí que había veterinarios, pero eran contados con los dedos de las manos, y contadas con los dedos de una sola mano las ocasiones en que se llevaba al perro al veterinario por algo grave.

En la actualidad hay veterinarios en cada esquina y tiendas de animales las que quieras y más, donde venden ropa, juguetes, accesorios, camas, casas, alhajas, trasportines, alimentos tan variados como razas hay (de pelo corto, de pelo largo, de pastores alemanes, *poopys*, *teeneger*, *adult*, esterilizados, no esterilizados, futuros esterilizados), en fin, una variedad de comidas para perros, que al final, como dicen en mi pueblo: «Lo que mata al indeciso es la variedad». Ofrecen un sinfín de cosas que ni siquiera el responsable del perro ni el propio perro necesitan, pero allí están, solo con el propósito de hacer dinero a costa de elementos innecesarios y superfluos, que el animal por su naturaleza no requiere. Y también para que el responsable del perro pueda alardear diciendo: «Yo a mi perro le doy el pienso [tal marca], exclusiva para pastores alemanes», o: «Yo a mi perro lo llevo al hospital veterinario tal», con el solo fin de que piensen «cuánto ama a su perro», sin pensar ni darse cuenta de que la marca, por mucha marca que sea, o el hospital veterinario, por mucho cartel que tenga, solo están allí para sacarles el dinero, cuando igual, el mismo alimento o la calidad de excelentes profesionales los tiene a la vuelta de la esquina, sin gastar un dinero extra en la compra o en ir más lejos para aparentar.

Los veterinarios ofrecen todo tipo de servicios también, y para ellos las enfermedades de los perros son tan importante que han creado un comercio en torno a ellas que ya roza la falta de ética de muchos de ellos.

Quiero aclarar que no en todos los casos que nombro aquí (veterinarios, tiendas de animales, educadores caninos, etc.) son como los describo; hay gente muy profesional y muy comprometida con el bienestar de todos los animales en estos asuntos. Así que quien se sienta ofendido por mis palabras, seguramente por algo será, pero lamentablemente debo hablar claro para que se entienda lo que quiero expresar. La gente debe saber qué está pasando en el mundo de los animales y en el mundo del perro en especial.

Volviendo a los veterinarios, y doy fe porque me ha tocado vivirlo, ellos hacen un voto y un juramento ético de atender en todos los casos intentando primero salvaguardar la vida y el bienestar de los animales (tal cual lo hace un médico de medicina humana), pero muchos de estos profesionales han interpuesto el dinero o el cobro de honorarios antes que la atención de emergencia. No es normal, no es moral ni profesional. ¿Por qué? Porque la vocación por ser veterinario se ha quedado atrás y hoy es un comercio muy bien montado, porque la gente tiene más conciencia de las enfermedades de los perros y lleva más a sus canes (o gatos) a las consultas, no como contaba antes en la época de mi pueblo y de mis abuelos. Y vuelvo a recalcar que no hablo de todos los profesionales de la salud animal, pero sí de muchos de ellos.

Tuve un paciente una vez que llevó a un perro (que encontró atropellado en la carretera) a urgencias un sábado por la noche, llamó a la clínica veterinaria, le atendieron por la mirilla sin abrir la puerta ni preocuparse por el estado de salud del perro (que por cierto, quien lo atropelló no paró para auxiliarlo), y el veterinario le dijo a quien sí se había detenido a auxiliar al perro y lo llevaba a la consulta para que lo curara de sus heridas: «¿Sabes que las urgencias cuestan 60 euros?». Solo cuando la persona que llevaba el perro dio el *Ok* al precio, el veterinario de turno le abrió y le atendió. Pero bien, ya tendremos un capítulo especial para veterinarios.

Este libro es un resumen de lo que he vivido hasta ahora, de lo que la gente animalista se pregunta en el día a día, de lo que se ve por distintos medios, en redes sociales, noticias, etc. Preguntas que me voy haciendo a lo largo del escrito y me imagino que son muchos de los interrogantes que muchísima gente se hace y no sé por qué extraña razón no se anima a preguntar abiertamente y sin tapujos. El miedo está instaurado en nuestra sociedad. Los políticos, los funcionarios, los empresarios, los patrones juegan con el miedo de la gente, el miedo es el mejor represor que hay en uno mismo y como los que tienen el poder lo saben, juegan con esta carta que siempre es la ganadora.

Nosotros y ustedes es mucho lo que podemos hacer desde lo individual, ya que ayudando a los perros y/o animales de compañía que tenemos en casa o en el entorno, ya vamos colaborando por un mundo, por una sociedad y un hombre más justos para ellos. Y si encima podemos alzar voces y nos unimos por amor a los animales, aún mucho mejor, ya que estaremos haciendo mucho por un planeta más sincero y no tan hipócrita en esta época que nos ha tocado vivir. Están haciéndonos creer que todos están en la lucha de los derechos de los animales, comenzando por nosotros mismos y siguiendo por las autoridades o entidades gubernamentales o no estatales, por los profesionales dedicados al bienestar de los animales, cada uno en su ámbito, y no están, ni estamos, por la labor.

Hay que quitarse los miedos, amigos, y comenzar a levantar voces para que todo el mecanismo se ponga a trabajar en beneficio de los animales, de todas las especies, sean de compañía o no. En definitiva, son seres vivos como nosotros. ¿Se han preguntado por qué ellos nunca tienen miedos y nosotros los humanos sí? ¿Será porque ellos no tienen el sentimiento de hipocresía y nosotros lo tenemos muy encarnado?

Son muchas las preguntas que me haré en este libro y espero que esto nos ayude a todos a encontrar respuestas. Pero claro, las respuestas llegarán por una ecuación muy lógica: si no preguntas, nadie viene a contarte o responderte, y menos aún en un tema tan delicado como es el maltrato animal. Por lo tanto, amigos, anímense a preguntar y si no están conformes con la respuesta, vuelvan a preguntar, y si no, vayan a otro organismo y vuelvan a preguntar hasta que las dudas se hayan disipado, y por último, si nada de esto te conforma, denunciar. No tengan miedo de hacerlo, vuelvo a decir que los gobiernos y compañía juegan con los miedos de la gente. ¿Pero se han preguntado quién es el Gobierno?... Nosotros somos el Gobierno, porque nosotros somos los que votamos, por lo tanto tenemos que tener respuestas de ellos, de los profesionales (veterinarios, educadores caninos, hoteles caninos, criaderos de animales, etc.), de las compañías, fabricantes o de los comercios; en definitiva, de todo lo que nos atañe como sociedad, como usuarios o clientes.

Y si no estás convencido de lo que te explican, denunciar, hacerle saber al funcionario (muy bien remunerado, por cierto) que hace muy mal su trabajo (lo que es muy cierto), hacerle saber a un profesional que te cobra caro por un mal trabajo que éticamente lo está haciendo mal, que los comercios y fábricas están viendo la parte comercial y no el bienestar de los animales, denunciar a las perreras o protectoras que no estén haciendo su trabajo convenientemente. Estás en tu derecho…, claro si amas a los animales. Si no, de nada sirve…

En este libro iré poniendo lo que veo cuando los particulares o profesionales creen que es amor y cuando el amor roza el maltrato. Y sé que muchos no lo saben y creen que haciendo ciertas actividades o cosas piensan que están dando amor y bienestar a los perros, pero en realidad puede ser maltrato.

Los errores propios de los responsables de perros

Antes de continuar quiero dar unas aclaraciones que considero muy importantes y que debo hacer: Primero, que hace muchos años que no digo «mascota» refiriéndome al perro, caballo o lo que haya en una casa como animal de compañía. Para mí, un animal que entra en una casa ya es parte de la familia, por lo que deja de ser una mascota representativa o un mamotreto que tenemos en casa que no tiene utilidad ni uso. Por favor, pensar que es un ser vivo con emociones y necesita cuidados como cualquier otro ser viviente.

Un perro (en el caso que me toca por ser terapeuta canino) tiene emociones, sensibilidad, padece de estrés, tiene alegrías... Tal y como tendríamos nosotros mismos o todo nuestro entorno familiar. Por ello, desde el mismo momento que nos hacemos cargo de este animal, pasa a ser nuestra responsabilidad su bienestar, tanto físico como mental, y sobre todo de este último, ya que los perros por ser energía y tener estados emocionales tan definidos como los seres humanos, padecen de enfermedades emocionales en las mismas proporciones y características que nosotros. La diferencia está en que el perro, por naturaleza y por no haber perdido su esencia, sana y remedia su problema con más rapidez y facilidad que el ser humano.

Los caballos, los gatos y en definitiva todos aquellos seres vivos que entran en una casa, son parte de la familia y requiere las atenciones y cuidados como es debido. Para poder empatizar con ellos en la justa medida no hay que olvidar estas premisas.

La segunda aclaración que quería hacer es que hace mucho tiempo que nunca hablo de «dueño» o «propietario» de... Siempre que me refiero a una persona que tiene perro o cualquier animal, sea doméstico o no, lo defino como «responsable». Nadie es dueño de la vida de otro ser vivo que pise la faz de la Tierra. Cuando pierdes un niño en un supermercado y te lo encuentran, no te preguntan: «¿Quién es el dueño de este niño?», sino: «¿Quién es el padre [o el responsable] del niño?».

Pues partiendo de la base de que no somos dueños de nadie y que tenemos a cargo a un ser vivo, pasamos a ser responsables directos de ese ser mientras esté con nosotros o a nuestro cargo. Responsable de que coma, responsable de su bienestar físico y psíquico, responsable de que no ocasione accidentes, etc.

La tercera aclaración es que, cuando hablo con algún responsable o cuando estoy con una terapia, suelo referirme al perro como lo que es: un perro. Entonces digo todo el tiempo «el perro» y no por su nombre. Quiero aclararlo porque me he encontrado con gente que me ha preguntado por qué lo llamo «el perro» y no por cómo se llama. La verdad es que creo, desde mi punto de vista y empatizando con la especie *canis*, que es más digno decirle «perro», porque es lo que es. Y no hablo de modo despectivo de él, como quieren hacerme ver algunos. No, la especie es perro y no hay más; el mono es mono, el tigre es tigre, el león es león y el perro es perro.

También me refiero al perro como especie y genérico, y no digo «el perro» o «la perra», como suelen hablar los políticos demagogos cuando dicen compañeros y compañeras o españoles y españolas para quedar bien y parecer que no son machistas. No, lo genérico es genérico y con esto no es ser machista ni discriminar; el perro es la especie y pertenece al macho y la hembra, así que si digo «el perro» y alguien que esté leyendo esto tiene una perra, que sepa que también me refiero a su perra y con el mismo respeto y sentimiento de amor que lo hago con el perro macho.

Por último, cuando hablo de «líder», hablo de «líder energético». Sé positivamente que a los educadores caninos en positivo les dan pavor las palabras «líder» o «macho alfa» y esto de las jerarquías, porque ellos no creen en estos organigramas naturales. Pero no se puede cambiar la naturaleza.

El líder de la manada existe, pero yo más allá hablo y me refiero al líder energético, que es realmente quien pone orden y lleva una manada sin gritos, golpes o salchichas, solo con energía equilibrada y tranquila. Es, en definitiva, lo que los perros o cualquier animal (incluso los *Homo sapiens*) necesitan para ser dirigidos. Nada más. El hombre tomó otro canino, menos natural por cierto, y son muy pocos los líderes que se caracterizan por esto de la energía, pero los líderes que usan el poder del dinero y la violencia son los que más abundan. Sin embargo, el hombre está muy acostumbrado a esto que llaman «líder» cuando hay gobernantes con estos atributos para nada naturales.

Hecha la aclaración, les cuento algunos de los casos que me han llevado a tener estos pensamientos, reflexiones y el porqué querer expresar los sentimientos encontrados que me producen atender cada paciente en esta profesión. En el ámbito de los perros se encuentra de todo. Hay quienes actúan sin conocimientos de perros y quienes saben de perros pero no de la naturaleza del can; otros, saben de perros, han tenido y tienen todos los conocimientos pero no les dedican atención por falta de tiempo. También hay quienes no tienen ni idea de perros y aplican al can todos los conocimientos que tienen y aplicaron a sus hijos, creyendo inocentemente que les servirá la experiencia de la crianza de sus retoños para criar y cuidar al perro. Y también quienes tienen nociones, aplican lo que ven en la televisión…, pero a menudo sin resultados.

Una de las primeras preguntas que hago al comienzo de una entrevista o terapia a un nuevo paciente o a alguien que viene a mi consulta es: «¿Por qué tienes un perro?». Y desde esta simple pregunta comenzamos a darnos cuenta de la serie de errores que comenten los responsables y a darnos una idea del perfil de la persona que tiene a cargo el perro y cómo será su vida (la del perro) en un futuro si no actuamos rápidamente. Normalmente la respuesta es: «Porque me gustan mucho los animales». Muy bien, no está mal esa respuesta, es la correcta, ya que por naturaleza es normal y natural que nos agraden los animales. Pero no solo por gustarnos los animales tendríamos que tener un perro. La pregunta sería en este caso: «¿Está capacitada esta persona para tener y cuidar de un animal?». Es un interrogante que yo me hago internamente. Muchas veces, sí, una persona está capacitada para tener un perro, pero en infinidad de casos la respuesta es «no».

Y allí es donde comienzan los problemas para el perro. ¿Se acuerdan qué dije cuando iba a ver a una persona que me preguntó que en qué podía ayudar a un responsable que tuviera un problema de conducta con su perro? Pues desde hace un tiempo me hago la pregunta precisamente al revés: «¿En qué puedo ayudar al perro con problemas que tenga su responsable?». Esta es la realidad: los perros no tienen problemas, lamentablemente se los generamos nosotros los humanos.

Todos los problemas que un perro tenga como conducta no deseada es el fiel reflejo de lo que pueda estar sucediendo con su responsable en la vida cotidiana: si hay estrés en los humanos, el perro padece estrés; si hay tristeza, si hay desconfianza o frustración, todas estas cuestiones las sufrirá el perro. También por eso los padecimientos que estén instalados en la parte emocional del perro debemos trabajarlos primero en los responsables, para detectar las causas que llevan a tener este padecimiento. Cuando se quita esa carga al responsable o a los responsables del perro, este vuelve a ser un animal normal, dentro de las limitaciones de vivir encerrado, en un piso o donde viva. Pero al menos no tendrá la pesada mochila en su espalda de llevar los problemas de su o sus responsables.

En un taller que hice sobre comunicación con animales, el veterinario que daba el curso comentó que conoció a una familia que tuvo tres perros en distintas épocas y los tres padecieron y murieron de lo mismo. Ello nos indica que los perros que entran en una casa se hacen cargo de todas las partes emocionales, sentimentales y físicas para salvaguardar la salud de sus responsables. A las personas que me llaman para que vea las conductas que son inadecuadas de su perro es difícil explicarles que el problema está en ellas, pero inevitablemente esto es así. ¿Cómo se manifiesta? Lo intentaremos ir contando a lo largo del libro para que se comprenda.

Es así que cuando hago la pregunta: «¿Por qué tienes un perro?» y la gente me responde: «Porque me gustan mucho los animales», tiemblo y ya empezamos mal, porque casi siempre esta respuesta es de un *mascotero*.

Claro que muchos de los pacientes que tengo aman y les encantan los animales y son muy animalistas. Son los que realmente aceptan al perro, lo quieren como perro y empatizan con él y saben de ellos, de cómo cuidarlos. Pero en este libro hablaremos o nos referiremos a quienes no tienen mucha idea y dicen amar a los perros.

Pasar de gustar a amar a los animales es un gran paso para tenerlos bien y como es debido, y es simple en el caso de los perros: es solo darle vida de perro, tan fácil como esto. Por supuesto, dentro de lo que cabe; si vivimos en un séptimo piso en Barcelona no podemos pretender tener ovejas para que el pastor alemán pastoree, pero sí darle las actividades propias de un perro y el lugar que merece, sobre todo no humanizarlo, que es el peor pecado que se puede cometer con el perro. Recordad siempre: el perro es perro, no entiende de cuestiones y gustos de y para humanos.

Luego están las personas que dicen: «Yo tengo un perro y vive con un rey; le compro la mejor comida, le doy buena vida y el mejor veterinario». Eso no es ninguna novedad ni un acto de altruismo. El hecho de tener un perro y tenerlo como corresponde es nuestra obligación, no hay mucho para vanagloriarse. No hay mucho más que hacer, somos responsables del perro, gato o el animal que sea y debemos cuidarlo y punto. Pero también hay que darle vida de perro. No porque se compren collares caros, camas caras de acuerdo a la temporada, etc. estamos cuidando mucho y mejor al perro.

Las actividades de perros, los paseos y los cuidados que debe tener nada tienen que ver con los elementos caros que se le compran para su uso.

Doy un ejemplo muy concreto. Cualquiera de nosotros podemos pensar: «¿Está mejor el perro del séptimo piso de Barcelona, que tiene collar de engarces, cama mullida y el veterinario de renombre, o el perro del pastor que con sus trescientas ovejas que lo sigue a todas partes duerme en un montón de paja todas las noches haga calor, frío o llueva?».

El perro del pastor no conoce una pipeta, ni un collar para pulgas, ni lo que es una cama para cada estación. Pues sí, has acertado: el perro más feliz es el del pastor. Este pastor lo que hace es dignificar a su perro, tratarlo como tal, darle un trabajo acorde al perro, darle el cariño y la atención necesarias y dejarlo que actúe como tal, sin interferir en su naturaleza. Es increíble ver la conexión que tiene el pastor con sus perros, solo señales o pequeños silbidos sirven para que el perro actúe de acuerdo a las necesidades del pastor. Acuden cuando les llama, sin necesidad de usar ningún elemento de condicionamiento como pueden ser los collares de pulsaciones; no usan GPS (como algunos perros de cazadores), porque estos perros no se irán jamás de al lado del pastor, porque están conectados y empatizando uno con el otro.

Di el ejemplo de los cazadores, que sí usan este tipo de elemento (GPS) para saber dónde están sus perros, porque el perro no puede estar bien con esta gente y suelen perderse con facilidad, seguramente huyendo, de los cazadores mismos.

Los perros del pastor, que algunas veces los encontramos en el río, son sumamente sociales y amigables, y eso que solo están con los perros de su entorno o de la casa donde viven. Pero ¿qué sucede? ¿Por qué son así de tranquilos, sociables y dóciles? Porque estos perros son seres equilibrados, tranquilos, estables emocionalmente, como ya he hablado en otros escritos. Ningún perro quiere entrar en conflicto con otros, siempre y cuando estén equilibrados; un perro que no está bien emocionalmente o por tener un pico de estrés puede atacar sin dar aviso. Las señales de calma o el lenguaje canino (que en definitiva es lo mismo), de lo que tanto se ha hablado, es la forma que tienen los perros para comunicarse y evitar las peleas. Es increíble ver actuar a estos perros de pastores, pero volvemos a lo mismo: hacen vida de perro, no hay más secretos.

Si nos vamos a las grandes urbes, podemos pensar en perros que conocemos, ya sea de parques, de pipicanes, de alguna urbanización, con una conducta no deseada, la agresividad, el miedo o la ansiedad. Seguro que hay cientos, por no decir miles, por no decir todo los perros en sus distintas medidas. Pero vuelvo a decir lo mismo de siempre: el perro no es el problema, el problema es de su responsable. El can llega al mundo (como cualquier otro ser vivo) sin problemas, sin estrés, sin conflictos emocionales ni nada de esto; con el transcurso del tiempo se va llenando de cuestiones que hacen que cambie su comportamiento, debido a una carga de estrés que no le permite vivir una vida tranquila o plena, como él se merece o como estaba destinado a vivir, porque en definitiva llega a la casa de un humano que le cambió el curso de su historia y pretendemos que debe adaptarse a la vida humana sin complicaciones.

Cómo influye el hombre en el perro

Cada llamada que recibo para atender a un perro por una conducta indeseada es un mundo. La mayoría de las veces me preguntan si quiero ver el perro en mi centro o si voy a casa, y mi respuesta es siempre la misma: «Da igual que esté el perro o no, porque la entrevista va más dirigida a usted y su forma de vida. Eso me dará las pautas de qué le está pasando al perro, de por qué tiene ese comportamiento, y de esa manera veré cómo planear y qué terapia aplicar».

Por eso iré explicando algunos casos, para que nos vayamos haciendo una idea de las cosas que le suceden a los perros y sus comportamientos no deseados, que muchos ven bien que el perro actúe así, pero es un fiel reflejo de lo que es el entorno familiar o social de las personas responsables del can.

En una oportunidad me llamaron desde Tarragona para atender el comportamiento de dos perros que tenían un pico de conducta agresiva. No llegaba a serlo del todo, pero sí que se enfrentaban con gran fiereza delante de las personas que querían acercarse a ellos, sobre todo de las personas que iban a su casa. Otro de los problemas era la desconfianza y su reacción era rechazo de ser tocado; se negaban a que los tocaran y se escondían o alejaban inmediatamente cuando un desconocido se aproximaba. Teniendo en cuenta que un perro (siempre hablando de un perro equilibrado emocionalmente) normalmente lo que hace si alguien llega a casa es acercase a oler, para averiguar quién es el que ha llegado y presentarse, estos dos perritos ladraban en tono amenazante y huían.

Me puse a hacer la entrevista, que normalmente suele durar unas dos horas, dependiendo de lo que se va sacando como conclusión y la cantidad de gente que vive con el perro. Otra de las cosas importantes es que si hago una visita para conocer las causas de la conducta no deseadas, es importante que estén todos los integrantes de la familia humana que habitan con el perro o los perros, porque primero se sacan verdades unos de otros. Si la entrevista es de una sola persona, muchas veces resulta muy complicado sacar toda la verdad, porque parece mentira, pero la gente miente (no en todos los casos, pero sí con mucha frecuencia) sobre el comportamiento real de su perro. Creo que algunas veces va más allá de humanizar a los perros y se hace esta maniobra para no cargarle la culpa al perro, como muchas veces se hace con los hijos. Pero cuando uno lleva tantos años tratando perros y personas se da cuenta perfectamente que hay un problema grande de conexión humano-can.

Lo más frecuente es que digan tienen un problema con cierta situación en concreto, y firman el comentario con: «Pero es muy bueno». O con: «Fuera de casa se comporta muy mal, pero dentro de casa es muy buen perro». Veamos, si el perro se comporta de una manera en un sitio y de distinta forma en otro, o tiene doble personalidad o un problema que hay que solucionar. La gente debe ser más coherente y decir que hay un problema y nada más, lo demás es justificativo, para salvar al perro de un mal comportamiento que piensa que es bueno. Eso, a mi modo de ver, es maltrato, porque no le estamos dando el bienestar pleno al perro de ser feliz o íntegro en todo momento. O que se comporte en todo momento y sitio de la misma manera: bien.

Pero cuando son dos o más personas en una entrevista, se van diciendo lo que hacen o no hacen y van saliendo más cosas a la luz, lo que permite que se tenga mejor diagnóstico al respecto de la conducta no deseada o de los hábitos de vida del perro. Hago este comentario para los educadores caninos, porque a la hora de hacer una entrevista es muy útil.

Bien, volviendo a este caso de la desconfianza de los perros, la verdad es que no saqué mucha información relevante para determinar el porqué de esta forma de actuar de los perros, pero tomé el caso y nos pusimos a trabajar sobre lo que yo estaba convencido. Primero, que eran perros poco sociales, no salían a pasear y si lo hacían era muy poco, ya que me contaron que los subían al coche, los llevaban a un parque y los soltaban y a correr y jugar. Vamos, que lo que se dice paseo de calidad, que le llamo yo, nada de nada.

Con el transcurrir de las sesiones iba notando las preguntas reiterativas de la responsable de los perros, que me preguntaba si le habían hecho tal cosa al perro. Le contestaba que sí y me volvía a preguntar para estar convencida: «¿Seguro?». «Sí», le replicaba yo. A cualquier cuestión que le contaba del perro, me volvía hacer la pregunta: «¿Seguro que hizo eso?». «Sí», volvía a responder yo. Y así iban pasando las sesiones y este comportamiento de la mujer era muy constante; pregunta, respuesta y repregunta para confirmar. Luego claro, después de tantas veces que voy viendo a los pacientes, va haciéndose ya una cierta relación de confianza y se comentan algunas cuestiones cotidianas que uno vive o le pasan ya al margen del tema perro. Y volvía a repetirse la situación: me preguntaba cosas o le contaba cosas y ella desconfiaba de mí. Pues bien, esa desconfianza que había en ella era lo que le pasaba a los perros. Estaba claro el origen de ese comportamiento de desconfianza hacia todo.

Al final, la conclusión fue que la desconfianza de los perros venía por la desconfianza de la señora. Posiblemente era un acto involuntario de la señora, podía ser, pero los perros son unas esponjas que van absorbiendo todo lo que ven y sienten de nosotros. Estos perros en todo momento estaban sometidos a una energía de desconfianza de su responsable y para los mismos perros esta situación era absolutamente normal y era su forma de actuar, porque fue lo que aprendieron con ella, y por eso no se relacionaban con personas, ladraban a todo el mundo, por eso no se relacionaban con otros perros, solo hacían una vida normal con su entorno, porque el resto les causaba miedo o desconfianza. Esta situación hacía que no tuvieran una vida social de humano y menos de perros como era debido.

En definitiva, es importante tener mucho cuidado con los comportamientos de los humanos que repercuten en el comportamiento de un perro. Los PPP (perros potencialmente peligros) no lo son como los pintan o como los cataloga la ley, en realidad están enmarcados como PPP porque un señor de traje (léase funcionario), que no entiende de perros, fue colocado a dedo en un puesto político para crear leyes que no condicen con la realidad, y a este buen señor se le ocurrió decir que esas razas son peligrosas y un montón de personas que creen que les pagan para levantar la mano y aprobar leyes sin saber de qué va el tema y entienden menos de perros que el que ha creado la ley, aprueban o decretan la peligrosidad de los perros como si tal.

Veamos, vamos por partes. Todo perro, como cualquier ser vivo, nace puro, inofensivo, sin maldad, sin ningún conflicto de ninguna índole que lo lleve a nacer e inmediatamente tener comportamientos agresivos, de miedo o de estrés. Los animales, como nosotros los seres humanos cuando nacemos, pues venimos a este mundo libre de todo tipo de maldad, somos unos bebés divinos hermosos y absolutamente sanos de mente y cuerpo. Entonces, ¿por qué algunos se vuelven malos, delincuentes, estafadores maltratadores, alcohólicos, etc.? Pues simplemente porque las circunstancias de vida lo llevan a esto, porque no tuvo una buena infancia, porque sus padres no fueron buenos padres, adolescentes que se tornaron violentos porque es lo que vieron en sus casas, alcohólicos o drogadictos porque en su familia había referentes, por malas experiencias de vida o un sinfín de circunstancias que llevan a una persona a convertirse en algo que cuando nació no lo era, porque no traemos en ningún gen temas de violencia o de conductas «inapropiadas». Es decir, detrás de una conducta no deseada de una persona hay siempre algo que se interpuso en ese bebé dulce, tierno y sin maldad.

¿Qué creen que pasa con los perros? Pues exactamente lo mismo. Un perro, cuando nace, es como cualquier ser vivo, pero depende de dónde se críe será el comportamiento que adquiera. ¿Se acuerdan de los perros desconfiados de los que acabo de hablar? Los perros se vuelven miedosos si sus responsables lo son y se vuelven violentos o con conductas agresivas si quien los lleva lo es o los entrena para ello. Los PPP son catalogados de esta manera porque se dan estadísticas de que han mordido o han matado a personas mayores o a niños.

Sí, claro, entiendo perfectamente que la mordedura de un pitbull o un american es contundente y hace mucho daño, pero también sé perfectamente que estas razas, como otras tantas consideradas peligrosas, teniendo un responsable como debe ser, equilibrado y sin malas intenciones, no tienen ni un solo problema de convivencia. Además, sé por experiencia que son animales sumamente cariñosos, afectivos y familiares. ¿Pero dónde radica el problema de sus comportamientos? Pues muy simple, que estos perros son buscados por personas con algunos trastornos de personalidad, que se sienten inseguras y de baja estima, que necesitan mostrar a un perro fuerte, poderoso, seguro, porque ellas no los son o son personas con cierto grado de agresividad que usan a estos perros a modo de defensa, porque siempre están en problemas o lo usan para intimidar, o simplemente tienen esa personalidad agresiva pero son cobardes a la hora de pelear y envían a sus perros hacer el trabajo por ellos.

En fin, un PPP será lo que sea su responsable. En particular nunca me ha llamado familia alguna o persona que le dé una vida normal al perro y le proporcione actividades normales para canes, que tengan este tipo de razas para solucionar problema alguno. Porque repito, son perros sociables, cariños y muy adaptables a todo. Quiero dejar claro que no es un comentario discriminatorio, ya que como terapeuta me he encontrado que he tenido que atender casos de problemas como estos. Lo que sucede es que quiero ser muy claro a la hora de hablar, como he dicho desde el comienzo, y para que se comprenda bien debo ir explicándolo de esta forma.

Por dar una estadística respecto a este tema, puedo decir que en Estados Unidos los ataques de los pastores alemanes supera con creces a los de PPP. Los pastores alemanes no están dentro de la lista de los PPP (aunque sí de los que más veces atacan), pero comercialmente es una de las razas que más dinero deja en el mercado, por ser muy demandada, y por lo tanto no la ponen o publican como tal para no estropear el negocio.

Claro, pero las estadísticas de ataque por mordeduras, como más cantidad se las llevan indudablemente las razas pequeñas, como yorkshires o chihuahuas o todo perro faldero, pero estos no están en la lista de PPP, lógicamente con buen criterio, ya que un ataque de estos perros no ocasiona daño alguno o muy poco, y no sale en las noticias. El ataque de un perro contundente, como los que están en las listas de PPP, sí, y por eso son noticia.

Pero ¿no sería mejor educar y preparar a todos los responsables de perros para que tengan capacidad para tener uno? ¿Y no sería mejor aún preparar a los niños en la tenencia responsable de animales? Con esto quiero decir que sería muy beneficioso para la sociedad de perros y/o humanos que los niños tengan ya en los colegios una enseñanza sobre el respeto, manejo y cuidados de animales en general. De esta forma los niños ya estarían concienciados sobre qué deben hacer y cómo cuidar a un ser vivo, con normas de respeto y manejo óptimos para que no suceda lo que sucede hoy en día en nuestra sociedad, llámese maltrato, abandono, explotación o comercialización.

Hace unos días leí una frase muy significativa que vendría bien como corolario de lo que estoy exponiendo: «A los que piensan que el precio de la educación es cara, esperen ver el coste de la ignorancia». Se gasta más dinero en el control de perros abandonados y maltratados que lo que se podría gastar en educación temprana de los niños en la tenencia responsable de animales, y sería sin lugar a dudas una solución más efectiva, una inversión más bien aprovechada que beneficiaría a los humanos y sobre todo a los perros.

La capacitación debería ser para quienes tengan o simplemente quieran tener estas razas potencialmente peligrosas (aunque la capacitación en mi opinión debería ser para todo el mundo), tengan a su cargo un PPP o no. Deberían tener un carnet que los habilitara a tener un perro de estas características. En otros países como Alemania o Suiza es casi obligatorio ir y hacer unas clases de cómo manejar a un perro, para tener conocimientos básicos. Una vez que tiene estas clases le otorgan un carnet que lo habilita como persona apta para la tenencia responsable de animales, o perros en el caso que estamos tratando. Brillante idea e iniciativa y para nada descabellada. En España se tiene perros como quien compra una camisa, aun cuando no se tiene ni idea de cómo poder tenerlos bien. Un pensamiento mientras escribo esto: «Pronto todo esto cambiará y para mejor».

Y es curioso que el ser humano tenga la capacidad de catalogar o tildar a perros en este caso como potencialmente peligrosos, cuando el ser humano es la especie más peligrosa de toda la faz de la Tierra.

Pero igual no interesa, estoy convencido de que hay un gran comercio en el abandono de perros y en el dinero se mueve detrás. Las industrias de los alimentos de animales mueven toneladas de pienso y alimentos balanceados para proveer a todas las perreras y protectoras del mundo. Eso se traduce en millones de euros. Las clínicas veterinarias en general (aunque no todas, porque sé que hay muchos veterinarios que trabajan altruistamente con algunas protectoras y solo cobran el material) hacen mucho dinero con estos albergues, protectoras o perreras.

¿Quién me explica a mí por qué hay protectoras y perreras aún en España que entregan perros sin esterilizar? No todas, obviamente. Por ejemplo, en la que colaboro, APAP Tossa de Mar-Fundación Chari Cruz, sería pecado entregar un perro sin esterilizar. Pero muchas protectoras entregan perros a los adoptantes sin más, que se llevan al perro con el compromiso de palabra de que lo va a esterilizar, lo que en contadas ocasiones sucede. ¿Será porque ese perro que sale sin castrar vuelve a tener camadas no deseadas y esos cachorros son abandonados y vuelven a la misma protectora o perrera que dieron a sus padres y de esta manera se cubren del cupo mínimo al año que les exigen para recibir los subsidios que da el Gobierno?

Veamos, seamos claros: si un perro sin responsable entra a una perrera, protectora o lo que sea, pasados los 21 días sin que ninguna persona lo reclame, que es lo que marca la ley, y está en condiciones de ser adoptado, ¿no es mejor esterilizar para que ese perro cuando sea entregado no tenga más descendencia? ¿No es más económico eso a que vuelvan a tener más perros que pueden ser abandonados y maltratados a manos de personas inexpertas o sin compasión con los animales?

Vivimos en un mundo incoherente y creo que sigo pensando lo mismo: el político de turno que pusieron a dedo no sabe nada de perros, ni gatos, ni de ningún animal, solo dicta alguna que otra ley incoherente para salvaguardar su silla.

En casos recientes que he ido atendiendo me he encontrado de todo. Por ejemplo, una vez llegaron a mis manos dos perros, uno muy gordo y el otro muy delgado, muy activos y estresados..., como cada caso que me toca atender, ya que como digo, siempre el único problema que tienen y que ocasiona a los perros conductas no deseadas es el estrés, tema que desarrollaré luego. El asunto es que estos dos perros eran adoptados y entraron en una familia con nulos conocimientos de animales. Eran los primeros perros que tenían. Estuvieron en mi centro un tiempo y una de las veces se me ocurrió grabarlos a la hora de la comida para que vieran lo bien que comían con otros perros del centro y de esta manera hacerles ver que la delgadez de uno de sus perros era estrés. Notaba que uno de ellos comía muy rápido (lógicamente, el más gordo de los dos) y el otro un tanto más lento y tranquilo, pero cuando el que comía más rápido acababa su ración, rápidamente intentaba quitar el plato del otro. Pues nada, me pareció una actitud normal. Muchos perros intentan comer de la comida del otro, por lo que no le di mucha importancia, solo que lo corregí para que no le quitara el plato y se comiera su pienso. Les envié la grabación por WhatsApp y la respuesta de los responsables fue: «¡Mira qué bien, cada uno con un plato!».

Acabado el tiempo que los perros debían permanecer en el centro, los responsables de los perros vinieron a buscarlos, y entre otras muchas cosas que les comenté que había visto y trabajado les hablé de lo de la comida. El señor me dijo: «Nos hizo mucha gracia que cada uno tuviera su plato». «¿Ah, sí? ¿Por qué? ¿Cómo es el régimen de comida en su casa?», pregunté yo. Él me respondió: «Pues solo tienen un plato, les ponemos la comida en el mismo recipiente y comen juntos al mismo tiempo». Ahí estaba la explicación de por qué uno estaba muy gordo y el otro demasiado delgado. El que comía rápidamente se alimentaba más, y el otro, que por naturaleza comía más lento, se alimentaba menos; no hay otra explicación más lógica que esta.

Mi reflexión es: una persona (en este caso dos personas, ya que se trataba de un matrimonio) que se dice amante de los animales, ¿no se da cuenta de la situación y pone fin a esto? Y si de dinero se trata no hace falta comprar otro plato, se coge cualquier plato viejo que tengamos en casa y se pone el alimento que corresponda por peso a los perros y que cada uno coma lo suyo en su recipiente. Esto es lo correcto, lo demás es maltrato liso y llano hacia uno de los perros.

Hay quienes me dirán es que es por desconocimiento. Pues claro, es lógico y aceptable, pero para eso fomento en las escuelas la tenencia responsable de animales, para que no ocurra esto que es tan simple como obvio: que cada perro coma lo suyo.

Otro caso que me encuentro en la mayoría de las ocasiones es cuando a la gente le hace gracia ciertas conductas de su perro. En una oportunidad me llamaron de Segur de Calafell (Tarragona) para que por favor les ayudara con su perro para que estuviera más tranquilo y relajado, ya que se pasaba el día corriendo alrededor de la piscina, comiendo y rompiendo plantas que tenían en el jardín y rompiendo las cortinas de las ventanas. También rompía las camas que le compraban, no les duraban nada, en horas ya estaba todo el jardín como si hubiera nevado.

Era un perro joven, un pastor alemán de pura raza, de unos 11 meses aproximadamente, de talla de un perro adulto. Hice la entrevista como siempre, hablando con los responsables del perro. Ya como iba direccionada la conversación, me daba la impresión de que no había mucho interés en ayudar, ni a ellos mismos ni al perro (que es lo que más me preocupaba). Les decía que tenían que dedicarle una hora y media de paseo al día a su perro y me preguntaban si podía ir yo a sacarlo. Les aconsejé hacer una terapia que requería al menos una hora o una hora y media de dedicación para lograr el equilibrio emocional. Había una discusión entre todos ellos, porque ninguno se comprometía a llevar a cabo tal plan. Y solo estaba hablando de una hora una hora y media al día, por favor, no se trataba de las 24 horas. ¿Con qué fin se compran a un perro de esas características si no van a dedicarle tiempo?

Estaba tratando de convencerles de que era sobre todo por el bien del perro por quien se estaba haciendo este plan de trabajo, mientras escuchábamos desde dentro de la casa al pobre animal ladrando sin parar, rascando la puerta con desesperación para querer entrar, correr con cosas en la boca, etc. Tras casi dos horas, pedí conocer al perro y ver cómo estaba el lugar donde habitaba. Pasamos al jardín, donde había una piscina, la caseta de plástico del perro (mordida de punta a punta) y trozos de cama diseminados por todos lados como si hubiera explotado una bomba dentro de la cama; parecía un patio nevado (metafóricamente hablando) con relleno de camas.

El perro apenas me vía, salió corriendo hacia mí y se me subía, me ladraba, me mordía la ropa, no había forma de controlarlo, mientras sus responsables, en lugar de corregir y lamentase de la escena triste que estaban presenciando, se reían. Yo, como siempre, intentaba mantener el tipo y hacía señales de calma al perro, y aun así no lograba detener sus envestidas.

Intentaba hablar con los responsables para seguir teniendo información al respecto, pero por el caos que generaba el perro me era imposible. Me preguntaba qué estaría pasando por la mente del perro en ese momento. Qué estrés tan galopante tenía. ¿Cómo puede vivir y ser feliz un perro que está en un extremo de angustia que no sabe ni lo que hace ni por qué actúa de esta manera? ¿Qué situación de vida le dan ciertas personas para que se llegue a ese nivel de ansiedad?

Yo entendía perfectamente a ese animal, me pedía a gritos que le ayudara mientras las sonrisas de sus responsables seguía en sus caras, como si les gustara ver así a un miembro de su familia. En la medida en que ellos sonreían más y más, proporcionalmente mi seriedad iba creciendo. En un momento dado, el perro (muy alto cuando se ponía a dos patas) se puso a dos patas detrás de mí, mordió y rompió mi chaqueta. Entonces, muy serio y casi enojado, le dije a la señora: «Eh, que me ha roto la chaqueta». Y la señora, muy tranquila, me respondió: «Sí, pero ya me gusta que sea así, de esta manera cuida la casa si entra alguien».

Fin de la entrevista. Mi impotencia era tan grande por la poca empatía con la situación de su propio perro que estaba al borde de un ataque de nervios, con un estrés desesperante y teniendo una calidad de vida paupérrima. Y al ver la pasividad con que se tomaba esa familia el caso grave de su perro, a quien tenían la obligación de velar, cuidar y darle una buena vida, porque ellos eligieron traerlo a casa (el perro no eligió vivir con ellos), les dije: «Pues nada, no creo que consigamos nada si ustedes no cambian de actitud con respecto a lo que hay que hacer para ayudar a este animal. Yo más no puedo proponer. Es más, no puedo decidir por ustedes, es su perro y aquí estoy para ayudar. Por lo tanto, cuando ustedes se decidan a hacer algo fructífero para que este perro sea normal, yo encantado les ayudaré». Me fui y nunca más me llamaron ni supe qué pasó con ese pobre perro. Créanme, eso no es amor al perro, es maltrato.

Cuando las personas toman la decisión de traer a un ser vivo a casa, tienen la obligación de proporcionarle el bienestar que necesita para su buena calidad de vida. Cuando uno trae a un perro o a cualquier animal a casa es con la simple intención de ayudar a ese animal y no para satisfacer la necesidad de la persona. Ellos, sin lugar a dudas, me dieron a entender que querían a ese perro para que cumpliera una función en la casa, la de guardián, pero como se les había ido de las manos y ya estaba haciendo destrozos que a ellos les costaban dinero, se animaron a llamar a un educador canino para que les solucionara el problema. Pero no el estrés del perro, que les importaba un pito, sino el problema de que les rompía cosas y tenían que estar comprando para reponerlas y por lo tanto gastando dinero... Claro, esto era por un estrés provocado por ellos mismos, ya que no le daban las actividades y vida de acuerdo a lo que el perro necesitaba como especie canis.

La mayoría de las personas (por suerte, no todas) llaman a educadores caninos para que le solucionen el problema que el perro les ocasiona a ellos, no para que solucionen el problema del perro. Si tira, me llaman no porque el perro mismo lo esté pasando mal, sino porque al tirar les duele el brazo (y además queda mal que lo haga); porque el perro muerde y rompe sus cosas, porque el perro pelea y gastan en veterinario para cada cura... Por lo general me llaman por los intereses de sus responsables y no por el bienestar del perro. Casi nunca me llaman para decirme: «Quiero solucionar el problema de mi perro porque lo pasa mal con ese estrés».

Y la gente sigue insistiendo en que ama a los animales. Muchos dicen: «Me encantan los perros, por eso compré un pastor alemán con papeles». No, amigo, no te gustan los animales, ni los perros; lo que te gusta son los pastores alemanes con papeles para poder criar, para poder enseñarlo o para creerte mejor. Cuando alguien dice que le encantan los animales o que le gustan los pastores alemanes, debería a la perrera o protectora más cercana (o por qué no, a la que más lejos o necesitada esté de adopciones), sacar a un pastor alemán, que hay miles, de edades y tamaños que quieras, con historias de maltrato o abandono diversos, enfermedades, manías, etc., llevarlo a casa y darle una vida digna. Eso es amar a los animales, y por tanto, también a los pastores alemanes.

«A mí me gusta»

El hecho de traer a un perro a casa siempre debe ser por el bien del perro. Es muy común oír a la gente decir: «A mí me gusta». ¿Qué quiero decir con esto? Pues que cuando pregunto alguna cosa sobre el perro del porqué de ciertas situaciones, por ejemplo tener el perro en la falda, o que duerma con la gente en la cama o que juegue con pelotas o que vista al perro, por poner algunos ejemplos, la gente siempre responde: «Es que a mí me gusta». Esa respuesta es de egoístas, es de *yo*, del *mí*, para *mí*, sin pensar si al perro le gusta o no.

La mayoría de las cosas que se realizan o hacen con el perro suelen hacerse pensando en la persona y no precisamente en el perro. Hay gente que por ejemplo lleva el perro al bar, va hacer la cervecita, la tapita o el café, pero habitualmente el perro lo pasa muy mal en esos lugares con mucho público o mucho movimiento, ruidos de coches, gente que habla a viva voz, etc. Me llaman para que les solucione el problema de que el perro esté intranquilo en el bar, que ladre a todos los que pasan, que no se quede quieto, que moleste a la gente que se acerca, que pida comida, que se vaya a la mesa de al lado…, en fin, muchas situaciones habituales de un perro en un bar. Al preguntar: «¿Y por qué lo llevas al bar?», la respuesta es recurrente: «Porque me gusta». Está clarísimo, pero ¿sabes si al perro le agrada ir al bar, mientras tú te comes el sándwich de chorizo y la cerveza y él está allí echado esperando que tú te relaciones, mientras él se aburre como una ostra? Pues al perro no le agrada, por eso hace esas manifestaciones de «no estoy a gusto». Por eso ladra, molesta la mesa vecina... Él prefiere ir al campo, estar paseando en la naturaleza, estar revolcándose con otros perros en el parque, en el pipican, compartir otro tipo de actividades más acordes a un perro y no la de estar sentado en un bar, al que es llevado con el solo propósito de alimentar el ego de quien lo porta.

Una vez me tocó atender un caso en Girona de una señora que me llamó porque su perro era un poco insociable con otro perros y en algunos casos incluso con personas. Hicimos la entrevista y a los pocos días comenzamos la terapia. He de decir que a sus hijos nos les agradaba mucho pasear al perro, y aunque a la señora no le gustaba mucho caminar, no le quedaba más remedio que hacerlo. Hablando con ella me comentó que la única manera de controlar al perro (que era de tamaño mediano tirando a grande) era con el collar de pulsaciones, con eso ella iba tranquila, controlaba al perro y era la única forma de tenerlo quieto en el bar. Le pregunté: «Pero bueno, ¿es necesario que vayas al bar con él? Ella me contestó: «Sí, porque a mí me gusta, ya que hago el café con leche y el cigarrito de todas la mañanas y aprovecho cuando saco a pasear al perro, así no subo dos veces al piso [un tercero], una para ir al bar y otra para ir a buscar al perro». «Bueno, pero no es necesario ir con él al bar si no le agrada», repliqué yo. Ya no me dijo nada, pero muchas veces los terapeutas debemos tratar de seguir lo que los responsables nos piden porque, en definitiva, y en muchas ocasiones, solucionándoles a ellos lo que buscan podemos darle indirectamente una mejora de calidad de vida al perro.

Y seguimos con la terapia, que consistía en andar al menos una hora diaria y estabilizar al perro emocionalmente y quitar estrés. Pasados unos 15 días, cuando ya estaba preparando la visita para comenzar a ver la socialización del perro en situaciones como con otros perros o en el bar mismo, la señora me llamó y me comentó que no iba a seguir con la terapia «porque no me gusta caminar, me resulta muy cansado» (ella fumaba), y que sus hijos no querían pasear al perro; que a ella ya le iba bien ir al bar con el collar de pulsaciones y que dejaba el tratamiento y seguía como hasta antes de llamarme.

Pues nada, qué le iba a decir, no podía obligarla. No le entusiasmó ni la idea de que paseando al perro igual dejaba de fumar y, pensándolo bien, el perro le estaría haciendo en este caso un favor a ella también. Conclusión: lo que buscaba esta señora era caminar poco, mostrarse en el bar con un perro grande y poderoso, aun cuando tuviera el perro sometido al collar de pulsaciones, teniendo atemorizado y controlado al perro con algo aversivo para él. Eso no es amor, es maltrato.

Lo he contado en otros escritos, pero viene bien recordarlo. Una vez me tocó ver a un perro caniche gigante color canela, bellísimo el animal (al estar sentado no pude determinar si era macho o hembra), muy cuidado y acicalado (de peluquería, por supuesto, nada natural), en La Rambla de Barcelona. Allí estaba sentado, con un temple y una elegancia como suele tener esta raza de perros, quieto como una estatua en un bar, mientras su responsable leía *La Vanguardia*, con un puro en la boca y una cerveza a medio tomar en la mesa. Todo aquel que pasaba se acercaba, acariciaba el perro y alababa al señor la belleza del perro, lo bien cuidado que estaba, etc. El señor asentía con la cabeza con un aire de orgullo muy grande, y su ego se reflejada en la camisa Lacoste a rayas que llevaba. Este hombre en ningún instante se sentía orgulloso por el perro, sino orgulloso de él, de tener ese perro, pues digamos que para eso lo compró (evidentemente, era un perro de criadero). Pero en definitiva ese era su fin, tener justamente a ese animalito para que la gente se acercara, le hablara, lo felicitara, ya que seguramente tenía carencia de afecto, tanto familiar como de amistades. Debe ser muy grande esa falta de amor que supuestamente podía tener, por lo que necesitaba de la ayuda de ese noble animal que llegó a su vida a cubrir una carencia de afecto.

Seguramente este buen y pobre hombre (no juzgo ni condeno, cada uno es como es, solo doy mi punto de vista y mi opinión de una situación que por mi profesión veo muy a menudo) estaba necesitando ser el centro de atención, que le dijeran lo guapo y elegante que era. Estaba necesitando que la gente se le acercara, y como él no lo lograba por sí solo, compró a un perro de purísima raza, lo acicaló perfectamente, lo puso todo lo pulcro que pudo y salió a la calle para intentar no mostrar sus carencias, mientras que el pobre animal debía soportar el peso de la mochila de frustración de este señor, soportando todo tipo de toqueteo y manoseo de la gente que se acercaba para admirar la belleza, no del hombre, sino del perro. Porque por mucho que le pesase, las cosas bellas iban dirigidas al perro, no él. Eso no es amor a los animales, es amor propio y maltrato a su propio perro.

Una vez me tocó atender a una señora que tenía un perro faldero. Cuando la conocí habíamos quedado en su casa para la visita de entrevista, me abrió la puerta muy sonriente, con una perrita en los brazos, vestida con camiseta y encima de la camiseta un abrigo, con un moñito de cinta en la cabeza y perfumada. Me había llamado porque su perra estaba al borde del ataque de nervios (según me dijo), ladraba mucho y no dejaba que nadie se le acercara a ella. Si estaba en el sofá, la perrita solo quería que la tocara, y si se movía por la casa, la perra iba detrás de ella.

Ya de lleno en la entrevista, se respiraba un cierto aire de orgullo, comentaba cómo se comportaba la perrita con ella y lo que ella contaba lo hacía con gran pasión, decía lo bien que la cuidaba y se hacía la idea de lo agradecida que estaba la perra. Le dedicaba muchas horas, casi todas las que podía cuando no trabajaba, pero no entendía que la perra se comportara de esa manera con ella (por ejemplo cuando se acercaba alguien a saludarla o simplemente a hablar), siendo que ella la quería y cuidaba tanto.

Siempre en las entrevistas uno suele ir dándose cuenta de las circunstancias de vida de la persona y del perro. Estos son buenos parámetros para ir determinando qué situaciones están ocasionando el comportamiento de cada perro, pero en este caso no encontraba la razón de por qué esa señora actuaba así y por qué el perro también.

Me comentaba que no sabía si estaba bien cuidar tanto a su perra, que la perrita era muy nerviosa, muy histérica, que no se podía acercar ninguna persona a ella, ya que ladraba, y que hacía intención de morder a su hijo (de la señora, claro). Esta última situación era constante. Cuando pronunció la palabra «hijo» le pregunté por él. Me dijo que vivía con ella, pero que era un poco introvertido, se aislaba en su cuarto para estudiar y actuaba poco en familia, pero cuando lo hacía era solo para hacer rabiar a la perrita, por lo que piensa que era ese el factor que hacía que la perra lo quisiera morder.

Preguntando qué era lo que quería cambiar por lo que me había llamado, en realidad le preocupaba el hecho de que la perra mordiera a alguien, sobre todo a un niño. En ese momento sonrió y me dijo que su hijo adolescente le había dicho cuando se enteró de que había llamado a un educador canino: «Pero mamá, si no fuiste capaz de educarme a mí, ¿pretendes educar a la perra?».

Ya estaba, tenía la respuesta de todo el comportamiento de la señora con su perra y de cómo actuaba la perrita con el resto de la gente. Una señora que repetía una y otra vez que era muy responsable, que le dedicaba mucho tiempo y con responsabilidad a su perra, que hablaba de la responsabilidad que tenía de cuidar y de atender responsablemente de su perra... Repetía la palabra «responsable». Decía mi abuela: «Dime de qué presumes y te diré de qué careces». Y el hecho de que ella todo el tiempo pusiera el adjetivo «responsable» significaba que estaba teniendo una gran carencia de este acto, y su gran error fue no cuidar, no ser responsable, con su hijo, por lo que dedicaba todo el tiempo que podía y más a su perra.

Esto no es amor hacia un animal, en definitiva se puede decir que es maltratar a un animalito que nada tiene que ver con la situación familiar que esta señora estaba viviendo. Él vino al mundo a vivir como un perro, pero le tocó hacer de salvavidas de una persona que no lograba conectar con su hijo y sometía al perrito a todo tipo de cuestiones humanas para sentirse bien con ella misma.

¿Quién puede suponer que la perrita quiere que la vistan, que la tengan en brazos todo el día y no pise el suelo, no pueda oler, correr ni jugar con otros perros, como debe ser la vida de un can absolutamente normal? Ir al parque a revolcarse por las hojas comer hierbas, oler y marcar los árboles..., no puede, porque está y estará condicionada por la señora que descarga su frustración como madre en este ser.

Tampoco se puede hacer mucho para mejorar la calidad de vida de esta perrita, ya que la señora, en el transcurso de la entrevista y al final de la misma, no mostró ninguna intención de cambiar su actitud con respecto a cómo llevaba la relación con ella. De hecho, mientras duró la entrevista, la perrita no bajó de sus brazos en ningún momento. Y cuando le marcaba algunas cosas que veía que estaba haciendo mal en el trato a la perra ella, me decía: «Uy, ¿piensas que lo estoy haciendo mal así? Pero es que a mí me gusta». Volvía a salir el «a mí me gusta».

Todo el tiempo el «mí», el «yo», el «mi perro»... Siempre el ser humano satisfaciendo necesidades de afectos, cariños, cuestiones emocionales, anteponiendo siempre el «yo», el «mí» y el «mi perro». ¿Cuándo sale «el perro», que es de quien deberíamos preocuparnos y velar por su bienestar?... Pues casi nunca.

Me he percatado de que en la mayoría de los casos, cada vez que me llaman para hacer una terapia para corregir una conducta no deseada es porque el perro está ya interfiriendo en la vida de la o las personas, es decir, no me llaman a mí como educador (imagino que a todos los educadores caninos les sucede lo mismo) para resolver un problema que tenga el perro porque estén pensando en el perro y lo mal que lo pueda estar pasando; llaman porque el perro tira al pasear, en lugar de decir que el perro lo está pasando mal, te comentan que les hace doler el brazo, que tienen el hombro destrozado, te dicen que ladra a los ciclistas y que le han llamado la atención, o sea, que se ven perjudicados como paseantes del perro, pero no piensan que el hecho de que un perro ladre a un ciclista es porque el perro tiene un problema.

Si me llaman porque el perro ladra mucho, es porque la situación es ya insostenible, no porque el perro lo pase mal ladrando todo el día, sino que al responsable le han llamado la atención los vecinos o le han puesto una denuncia por lo molesto de los ladridos. Y me llaman porque el perro rompe cosas en casa y han llegado al límite, porque ya ha roto cosas que a los responsables les ocasiona gastos.

Claro, cuando preguntas desde cuándo lo hace, suelen decir que desde hace mucho tiempo, pero como ahora ya comienza a ser el perjudicado el humano, ya sea por molestias en el brazo, por responder a las denuncias o por comprar de nuevo lo que el perro rompe, ahí sí ya hay que tomar cartas en el asunto. Mientras que el perjudicado sea el perro, todo sigue igual. Eso, señores, es maltrato y no se puede permitir. El ser humano, el responsable que vea que su perro esté estresado o mal, debe cuidar y atender sus necesidades inmediatamente y se evitarán los extras como denuncias o reposiciones de cosas rotas.

Cuando un perro ladra en exceso, rompe o tira de la correa, inmediatamente debemos darnos cuenta que hay un problema en el animal que le está ocasionando estas cuestiones. Pero como no se piensa en él excepto cuando los afectados son los humanos, es muy difícil cambiar todo esto. En otros países no pasan tan a menudo estas cosas porque hay más conciencia de tenencia responsable; como he contado en otro momento, la gente va a la escuela para saber y aprender de perros y sobre sus necesidades, y le dan un carnet que habilita a poder tener un perro. Debería ser obligatorio, como el carnet de conducir; en definitiva, se está conduciendo una vida y es más importante que la de un coche, que al fin al cabo es algo material.

No hace mucho me contó María, una mujer que pasea perros en Girona, que estaba con los dos perros a orillas del río Onyar, donde es muy habitual ver a gente paseando con sus perros, y de repente vio a una chica que se dirigía en dirección contraria a la que iba ella. Era una chica joven con un cachorro de labrador que, atado a su arnés, iba con una cuerda que a su vez ella, que iba corriendo (no muy rápido, pero iba evidentemente haciendo footing), llevaba sujeta a la cintura. El cachorro, cuando vio a los perritos que llevaba María, indefectiblemente quiso conocerlos (como haría cualquier cachorro), por lo que se paró de golpe, se tiró al suelo de cuerpo entero para quedarse a oler a los dos perros que acabada de ver, y la chica, un tanto enfada, tiraba del perro para seguir su carrera. María, muy conocedora de perros, le sugirió educadamente:

—Deja que los huela y se conozcan.

—No, porque hemos salido a correr y necesito que se entrene, y si hemos salido a correr debe correr —contestó la chica mientras seguía tirando del perro, que estaba tumbado en el suelo con el único cometido de conocer a esos dos.

—Pero ¿qué edad tiene? —le preguntó María.

—Cuatro meses —contestó la responsable del labrador.

—Es muy pequeño, deberías dejarlo conocer y socializar.

—No —dijo ya un poco seria la corredora—, porque si le dejo cada vez que quiera, enseguida mandan ellos y eso no es así. Yo quiero que ahora entrene, porque tuve otro que hacía deporte conmigo, lo hacía muy bien y quiero que este lo haga igual.

—No sé qué te habrán dicho sobre este tema, pero a esta edad lo único que quieren es conocer perros, jugar y no entrenar —le dijo María, entendiendo que el perrito solo quería oler a los dos que paseaba ella.

La chica siguió en su cometido de no dejar al cachorro acercarse a los perros que María llevaba, mientras arrastraba al cachorro como una bolsa por el suelo para seguir «entrenado», pues ante la insistencia de la chica en marcharse y no dejar a su perro oler ni conocer a los otros perros, que hubiera sido lo correcto y justo, María no insistió más y dejó que se fuera.

¿Cómo se le puede hacer entender a una persona el tema del «a mí me gusta»? Claro, a esa persona solo le interesaba que su perro se entrenara y fuera un gran o buen corredor, para satisfacer una necesidad de ella, de hacer un deporte que le gusta a ella, sin empatizar primero con el perro que lleva. Era un cachorro. Un perrito con unos 4 meses solo quiere jugar, y es fundamental para su buen desarrollo mental que se junte con perros de todas las edades y socialice para que en un futuro no muy lejano no tenga problemas de conductas por no haber hecho una junta o una educación temprana con otros perros, que por nuestra condición de ser humano no le podemos dar como le daría uno de su misma especie.

Seguramente ese perrito se compró con pocas semanas y fue separado de la madre y hermanos antes de lo conveniente, y no tiene la «escuela primaria» que le digo yo para que aprenda todo lo referido a perros. Además, esta chica, que de correr y entrenar sabría mucho, pero de perros muy poco, no dejaba que su perro se comunicara con otros perros para así aprender a convivir y a saber estar en la sociedad de perros.

Otro aspecto, como también hemos hablado, es el hecho de que esta chica y en definitiva muchas personas adquieren perros para satisfacer necesidades sociales que ellas por sí solas no pueden, y necesitan de la ayuda externa. Y qué mejor que un perro. Hay algunas situaciones en las que un perro puede ayudar a las personas a comunicarse con otras personas, pero no en este caso, que la chica quería el perro para correr y disfrutar ella sin pensar si al perro le gustaba o estaba preparado para esto o para este «deporte», como le dicen algunos.

Vuelvo a decirlo: los perros no son deportistas. Es como decir que un elefante, un delfín o un mono son «artistas» porque trabajan en circos o en acuarios. No, no son artistas, son animales condicionados mediante métodos de miedo y castigo para hacer piruetas para divertir a los humanos. Seguro que algunos educadores caninos dirán que el *clicker* con el que se entrenan a las ballenas y a los delfines, lo que se usa habitualmente para entrenar a los perros para hacer pruebas, no es castigo. Claro que no, pero el hecho de tener a los delfines, las ballenas, los lobos marinos, etc. encerrados y marginados de su hábitat natural sí lo es, y mucho peor aún.

Volviendo a la chica, es un claro reflejo de lo que sufre la sociedad: el no comunicarse, el no estar relacionados con nuestra misma especie, el buscar el individualismo permanentemente pero a la vez nuestro instinto ancestral de ser gregarios, no lo podemos dejar y necesitamos hacer cosas junto a alguien, pero como no tenemos esa capacidad de compartir, de comunicarnos, de vivir en una sociedad unida y en comunión, buscamos en los animales lo que nos falta de los seres humanos. ¡Pobre cachorro de labrador! Pienso en la vida que le espera, entrenar para competir y satisfacer a su responsable; estará seguramente lesionado la mayor parte de su vida y probablemente en algún momento operado. Pero es lo que le va a tocar vivir por estar con una persona egoísta y poco sociable que solo piensa en ella y no en la vida que pueda llevar ese perro en un futuro. Esto no es amor, esto es maltrato…, aunque esta persona lo haya comprado creyendo que le dará mucho amor.

Yo me planteo: esas personas que gastan un dineral en ropa, accesorios, camas de distintos tipos dependiendo de la estación, llevando a la peluquería al perro cada mes, comprando collares de marca, etc., ¿no sería mejor y más saludable, para el perro sobre todo, gastar una parte de ese dinero (que al final es un derroche innecesario, ya que el perro no entiende de marcas, calidades, ni glamour) en aprender con un educador canino, adiestrador o como lo quieran llamar, y saber más de perros y así poder entender, empatizar y darle una vida digna como se merece? Eso sería amar a un animal, darle un bienestar, una calidad de vida.

«Quiero un cachorro de mi perro»

Muchas son las veces en las que en el momento de la entrevista pregunto si el perro o perra están esterilizados. La mayoría de las veces la respuesta es: «No, no lo está». Mi siguiente pregunta lógica, ya que soy pro esterilización, es: «¿Tienes pensado hacerlo?» (esterilizar o castrar según corresponda). Y otra vez la respuesta más común es algo como: «¡Ay, no, es que quiero tener un cachorro suyo!».

Pero qué manía tiene la gente en hacer criar a un perro que tiene en casa para quedarse con un perrito. ¿Y con el resto de los cachorritos, qué hacemos? Dicen: «Ya le buscaremos casa. ¡Ah eso sí, a una familia responsable y que los cuiden!», y bla bla bla. ¿Saben ustedes que las protectoras están llenas de perros de raza. Con el «quiero un cachorro suyo» ocurre a menudo que el resto o algunos de los cachorros terminan abandonados o en peores situaciones. Porque si la perrita pare 8 o 10 cachorros, no es sencillo colocar tantos canes en adopción. A esto hay gente que dice: «¿Y...?». No hay argumento que pueda convencerme de lo bueno de este capricho absurdo de hacer una camada solo por el capricho del «es que quiero un hijo de mi perro».

No es fácil hacer entender a los responsables la necesidad de minimizar los nacimientos y de evitar camadas solo por quedarse con un perrito, cuestión que hace que aumente la población canina en el mundo, haciendo ya insostenible el control de perros abandonados, maltratados o usados para fines impensados, como experimentos de laboratorios de cosméticos, o en la industria farmacéutica para pruebas de medicamentos, o en la industria agroquímica para las pruebas de venenos o sustancias de fumigación, etc.

Si el responsable es quien tiene un perro macho, puede no tener inconveniente en quedarse con un cachorro; lo elige, lo saca de la madre y se lo lleva a casa. ¿Pero qué pasará con el responsable de la perra que ha parido, que se queda con el resto de la camada? Es un problema para él buscar familia para ellos, que por una cabezonería caprichosa de una persona quedarán a la deriva y a la espera de que alguien los adopte.

También hay un parámetro que me he ha llamado la atención, y es que la gente en su totalidad manifiesta que quiere un cachorro de su perro y luego lo castrará, y ¡oh, casualidad!, es un perro de raza. Nunca me he encontrado a un responsable con un perro mestizo que manifieste que quiere un hijo de ese perro.

Volvemos a lo mismo, la gente es «racista» en el ámbito de los perros. Deberíamos cambiar el enfoque: todos los perros son iguales independientemente de la raza. Si tanto te entusiasma una raza en concreto, en las perreras y/o protectoras encontrarás ciento de ellas, de edades y características diferentes, mucho más de lo que puedas imaginar. ¿Por qué traer más perros al mundo si hay miles esperando una oportunidad de vida?

Las protectoras llenas, los criaderos vacíos

Un tema muy vigente son las protectoras, y hablo de primera mano, ya que asesoro (en forma de colaborador externo) y colaboro con la protectora Fundación Chari Cruz. Como tantas otras, está saturada, colmada, desbordada. En fin, no hay calificativo alguno para decir cómo están de llenos estos recintos. Y no solo hablamos de perros (que claro, es de lo que me toca hablar, pero en las protectoras suele haber más clases de animales), también encontramos por ejemplo cerdos vietnamitas, que cuando son pequeños son supermonos, pero crecen, y lo hacen más de lo que el criador que los vende dice.

Conozco un caso en el que creció unos 100 kilos más, y ya no cabía en la camita del yorkshire que le habían comprado, ya que el inescrupuloso vendedor dijo que crecería unos 20 o 30 kilos, no más, como un perro más o menos. ¡Eso es mentira! Si no hay un control verdadero de sus padres, estos cerdos pueden llegar a pesar muchos kilos. He visto cerdos en protectoras de casi 100 kilos, pero como estaba de moda, todos los *boboconsumistas* salieron a tener lo último en la moda de mascotas.

En las protectoras encontramos gatos, gallinas, patos, etc. Una vez llegué a ver una gaviota, que era la «mascota» de una persona. Alucinante. En fin, el ser superior tiene la capacidad de privar de la libertad a todos los bichos que pisan la faz de la Tierra como si fueran de nuestra propiedad y con derechos absolutos sobre el resto de especies que en ella habitan.

Volvamos a los perros, los que están en las protectoras no porque ellos hayan elegido estar allí, de ninguna manera. Están allí por la irresponsabilidad del humano, que por un motivo o por otro ha dejado de atender al perro. Los motivos son diversos, puede ser que hayan abandonado al perro, que se haya perdido o escapado, haya sido maltratado y lo hayan rescatado y llevado allí, etc.

Bien, vamos por partes. ¿Por qué se abandona a un perro? Las explicaciones son muy surtidas y algunas no muy creíbles, van desde que el perro es mayor y viejo y cuesta dinero cuidarlo o hay que dedicarle muchas horas de atención, y lo abandonan porque ya es un estorbo en casa, porque no pensaron que iba hacerse tan grande y que tendría una energía muy alta, porque rompe cosas, porque ladra mucho, porque hay que irse de vacaciones y no saben dónde dejarlo, porque se cambian de casa y donde van no aceptan perros o por que cambian de casa y la nueva es más pequeña, o simplemente porque ya no es la diversión del niño o de los niños y hay que cambiar de «juguete».

Voy a contar una historia real que vi en las redes sociales. Resulta que había una protectora que advirtió en los medios de comunicación que no se le entregara más perros a una persona en concreto (daba nombre y apellido), porque lo que hacía este desaprensivo era adoptar un cachorro de unos 4 meses, luego sobre los 4 cuatros meses siguientes (cuando el perrito ya tenía 8 meses) volvía a esa protectora, devolvía el perro o lo regalaba y se llevaba otro perro también cachorro, siempre dentro de los 4 meses. Al cabo de tantos cambios, detectaron que lo que hacía este personaje era llevar perros pequeños para que su hijo de muy corta edad tuviera un juguete para divertirse; al crecer el perro rápidamente y comenzar a ser más adulto, ya no le servía para jugar al niño. Entonces lo devolvía o lo regalaba e iba a por otro para que su hijo tuviera juguete nuevo con quien divertirse. Hasta dónde llega la irresponsabilidad humana y hasta dónde llega la poca empatía y desprecio de un ser hacia otro ser, y qué valores está dando esta persona a su hijo. Además del trauma para el perro, que se adapta a una casa y luego retorna a la protectora. Eso no es amor, es maltrato animal.

Bien, después de esta historia lamentable y triste, volvemos a las excusas para abandonar. A ver, señores, cuando alguien se compromete a hacerse cargo de la vida y cuidado de un animal, en este caso de un perro, debemos tener todos este tipo de cuestiones en cuenta. Para eso está internet, los libros y el asesoramiento de profesionales en la materia que darán charlas y cursos de cómo tratar o tener bien a un perro en casa, o de las características de cada perro, raza o lo que fuere. No hay excusas para decir que no sabía que se iba hacer tan grande, que tiraba pelo, que su hijo es alérgico o cualquier otra excusa. Cuando tenemos un perro hay que hacerse cargo hasta el final de sus días, cuidarlo y atenderlo como uno más de la familia. Eso es amor, lo otro es maltrato.

Creo que no hay nada más hermoso que compartir la vida con el perro hasta el final de sus días. Él está siempre con nosotros, en la buenas y en las malas, y en su vejez debemos devolverle el amor y el afecto con cuidados y atenciones por tanta gratitud hacia nosotros, ¿o no? Abandonar a un animal porque está viejo y enfermo es un acto de cobardía muy grande y de ser desagradecido de la vida.

Los perros que se escapan o se pierden también son responsabilidad de quien tiene al perro. Los perros no se escapan o se pierden porque sí, siempre hay un motivo. Uno de los más comunes es porque los perros no son castrados y se van en búsqueda de perras y/o perros en el momento del celo. Quiero comentar que también las perras se van en búsqueda de un macho cuando están en celo, ya que un día de todo el ciclo están receptivas y buscan que las monten, no solo los machos son los que van en búsqueda de las hembras. Por eso, quienes tengan perras sin esterilizar deben tener presente que en algún momento puede que su perra se escape. Y claro, es muy probable que regrese con «premio»: una camada no deseada. Esto es muy fácil de solucionar «esterilizando».

Las camadas no deseadas son uno de los motivos de que gran cantidad de perros entren en las protectoras. Es una irresponsabilidad del responsable de la perra que esto suceda, también es maltrato, ya que la perra, al ser madre, tiene un sentimiento hacia sus cachorros o de los cachorros hacia la madre, y que el responsable de la perra no quiera hacerse cargo de los perritos, por el motivo que sea, y se deshace de los perros a tempranísima edad, ocasiona diversos problemas. Uno es que la madre sufre por la separación de los cachorros. También los perritos sufren el separase de su madre y a la vez, como van a sitios distintos, se separan de sus hermanos. A nivel aprendizaje, los perritos no aprenden lo que yo llamo la «escuela primaria», y que es la base de su aprendizaje para el resto de su vida, ya que a los cachorros no hay que separarlos de su madre y si es posible de sus hermanos hasta cumplidos los 4 meses de edad. Algo que por ejemplo tiene muy claro APAP Tossa de Mar, que no entrega ningún cachorro antes de ese tiempo, lo que es perfecto para el bien del perrito.

¿Qué se logra con esto? Pues que el perro aprenda todo los que debe saber para poder llevarse bien con el resto de perros el resto de su vida, ya que aprenderá a jugar, aprenderá el lenguaje canino y muchas cosas más que el hombre nunca le podrá enseñar para que sea un perro equilibrado. El hecho de separar a los cachorros de sus madres no es bueno, no se le hace ningún bien, solo es una forma de quitarse responsabilidades quien tiene a la perra, y eso, señores, no es amor a los animales, es maltrato.

Están quienes dan como argumento que se cambian de casa y no pueden llevarse al perro porque donde van no aceptan animales. Pues hay muchas posibilidades de alquilar casa donde se aceptan perros; en internet hay páginas que se dedican a anunciar dónde se puede o no alquilar con animales. Siempre que se tiene un perro hay que prever estas cosas.

Quienes se van de vacaciones y abandonan al perro porque no pueden llevarlo tampoco se comprende, ya que hay residencias caninas, hay lugares donde puede quedar el perro mientras no están sus responsables. También hoy por hoy hay infinidades de sitios que reciben a los perros, casas rurales, pisos de playas, etc. A decir verdad, conozco muchísima gente que no sale de vacaciones si donde tienen programado ir no aceptan perros. Eso es amor, lo de abandonar por no poder o no querer llevarlo, es maltrato.

Cuento otra historia de estas raras que solo al ser humano se le puede ocurrir. Había una persona que dejaba a su perro atado en la puerta de una perrera el viernes, y el lunes aparecía diciendo que se le había perdido y que seguramente alguien lo encontró y lo dejo allí. Así pasó hasta tres ocasiones. Bien, lo que realmente hacía esta persona era dejar el perro en la puerta de la perrera y, como sabía que lo iban a entrar, estaría atendido mientras ellos se iban de viaje de fin de semana. El lunes llegaban, lo buscaban y se ahorraban el alojamiento en una residencia canina. Otro caso para encuadrar, de la imaginación al maltrato animal.

Esto y mucho más deben soportar las protectoras. Ojo, las buenas protectoras. Por desgracia no todas trabajan con responsabilidad como debería ser, pero sí hay muchas que trabajan bien y hacen la labor de cuidados de los perros, haciendo honor a su nombre: «protectora», que protege. Una mención especial para las protectoras, porque muchas de ellas no reciben casi dinero de las autoridades, como es el caso de APAP Tossa de Mar, que todo lo que mueve es a base de dinero de voluntarios, colaboradores, padrinos, socios, eventos y la colaboración altruista de muchas personas que ayudan en ella en beneficio de los animales que allí se alojan.

Algunas protectoras sí reciben dinero y ¡zas, sorpresa! Quiero dejar claro que no es el caso de todas, pero algunas supuestamente reciben subsidios del Gobierno siempre y cuando tengan un mínimo de perros en ellas. Es decir, imaginemos que para poder recibir el aporte deban tener por ejemplo 200 perros (no daré número concreto porque cada una tendrá su convenio). ¿Pero qué pasa? Parece que esto al final se convierte en un comercio, porque se crea una protectora y el Gobierno da dinero. Está bien cuidar a una cantidad de perros y por ello se recibe dinero de arriba. Con este pensamiento, lo que hacen algunas protectoras (insisto, no todas) es ir en contra del bienestar animal, es decir, lo que quieren es que haya supuestamente muchos perros abandonados para poder rescatar y de esta manera siempre tienen cubierto el cupo, para que el subsidio no se corte y estén con dinero fresco todo el año a costillas del padecimiento del perro. Esto no es amor, es supuestamente maltrato.

Hace muchos años, cuando comenzaba en el mundo del perro, la encargada de una protectora le decía a la gente que le avisara si veían a un perro abandonado, que no importaba de dónde fuera el perro, y que si lo habían visto abandonado la llamaran, que aunque fuera de otra comarca ella iba, lo buscaba sin compromiso y lo llevaba a su recinto. Luego se daba el caso en esa protectora que yo mandaba a personas que me pedían información para adoptar a perros y cuando llegaban a la protectora les ponían miles de pegas para que no adoptaran, alegando que el perro elegido estaba enfermo y necesitaba medicamentos de por vida, o que se llevaba muy mal con otros perros, o que mordía a personas, etc. Ponían miles de pretextos, que con el tiempo descubrí que era para que no salieran perros en adopción, y de esta forma no bajar del número mínimo que les exigían para cobrar un subsidio.

Estas mismas protectoras y perreras incumplen muchas veces las normas básicas al entregar un perro, por ejemplo en la edad (suelen entregarlos con menos de 4 meses), por lo que dije antes sobre el aprendizaje del perro con su madre y sus hermanos. O lo más importante: muchos centros de estos entregan a los perros sin esterilizar, aduciendo que el adoptante del perro lo hará por su cuenta. ¿Quién garantiza que esto será así? No hay nada que lo garantice una vez que el perro sale del centro. Quién sabe qué sucede con el perro. No, señores, se debería entregar a los perros esterilizados; de esta manera estaríamos al menos controlando desde allí algo de las camadas no deseadas o ilegales. Y me vuelvo a preguntar (a veces me pregunto: ¿por qué me pregunto tanto?). A estos centro de recogida de perros, sea perreras o protectoras, que reciben un dineral por año por acoger los animales, ¿les interesa que se procree para seguir cobrando los subsidios? La respuesta debería ser que no, si es que aman a los perros y/o animales en general, para que futuros perros hijos de estos que salen de allí no le vuelva a suceder lo que a sus padres, abandono, maltrato, centro de acogidas, etc. ¿No sería mejor darlos en adopción ya esterilizados y nos aseguramos que no habrá más descendientes de esos perros que salen de allí?

Los entes que dan ese dinero (que en definitiva es dinero de los contribuyentes) ¿no deberían hacer más controles y que la ley sea más rigurosa en estos casos y que se entreguen los perros esterilizados, para así minimizar las camadas sin control? ¿O también les interesa que suceda esto para no sé qué fin político pueda haber? Es que vuelvo a replantearme un montón de cosas que son tan simples y tan obvias que no comprendo cómo no se dan cuenta. Si existe la ley, ¿por qué no se aplica?

Otra de las cuestiones que vamos viendo es que si se gastan miles de euros en cada perrera como presupuesto anual, en toda España estamos hablando de millones de euros. Y vuelvo a preguntarme: ¿por qué ese dinero no se destina a la educación de los niños en los colegios como asignatura de tenencia responsable, en los centros para personas que quieran adoptar a un perro, para que tengan capacitación necesaria de su tenencia y de esta manera no terminen abandonados o maltratados? Como dije antes, en otros países de Europa ya existe esto. ¿Por qué no copiar?

Ya basta de gastar dinero en cuestiones que ya se sabe desde años que no funcionan. Es hora de invertir el tiempo y el dinero en quienes realmente harán un gran trabajo en un futuro no muy lejano: los niños. Si ellos aprenden a entender que un perro, que es un animal, que es un ser vivo, con sentimientos, con emociones y que no debe maltratarse o abandonarse, que un amigo no se compra, pero sí que se adopta, el problema en nuestro país estará resuelto. Pero ¿de qué sirve intentar tapar con un trapo la salida de agua de una grifería, si tarde o temprano el agua saldrá poco a poco y es un grifo que nunca cierra, y el derroche de energía y de dinero siempre será un gran problema? Aún sigo pensando que puede ser que el mismo Estado quiera esto para algún fin político o comercial. Eso no es amor, es maltrato al animal y al bolsillo del contribuyente.

Como empecé diciendo, las protectoras llenas y los criaderos vacíos. Si las llaves de paso de los grifos que pierden se deberían cerrar para reparar el grifo, mi pregunta es: ¿no se debería comenzar por lo más fácil, por lo criadores de perros? Ellos se autodefinen como preservadores de una raza, cualquiera que sea: pastor alemán, westy o la que esté de moda en ese momento. ¿Preservar la raza, o preservar el ingreso de dinero en sus arcas? Comercializando con vidas, los criaderos, sean legales o ilegales, son los que más se preocupan en que haya movimientos masivos de perros y que haya un mercado lleno de «bobos consumismos» para generar dinero. Y es verdad lo que digo, están vacíos los criaderos, porque hay mucha gente que se cree lista y va a comprar cachorros como si los perros de los criaderos fueran mejores que los de perreras o los callejeros. Y no, los perros son perros y punto, son tan nobles los unos como los otros. ¿Uno de perrera o protectora que no cueste un dineral y no dé el glamour que pueda dar el decir «me costó tanto» es menos noble que uno comprado? «Lo he adoptado» es hacer un acto de bien a un perro que lamentablemente ya ha sido maltratado por razones diversas, por abandono o por lo que sea.

Una vez me tocó atender a una familia que había comprado a dos perros de raza de grandes dimensiones, poco vistos o poco conocidos. Me llamaron para hacer una terapia, porque estos perros, al ser tan grandes, tiraban mucho y les era imposible pasearlos a los dos juntos. Nos pusimos a trabajar en el caso y en un momento de una de las visitas le pregunté por qué no esterilizaba a los dos (eran machos), ya que ello haría que los perros estuvieran más tranquilos y relajados. Me respondieron que no podían porque tenían un contrato firmado con el criadero que los comprometía a tener al menos una camada y que se quedaría con algunos de ellos. Yo abrí los ojos tanto como pude, ya que no daba crédito a lo que había escuchado, y pregunté: «¿Que el criador te hizo firmar un documento para tener una camada?... ¿Y eso?». Y me explicó que era una forma de tener más perros de esta raza y que era parte del convenio, y lo habían firmado porque creían que estaba bien.

Pues no, señores, aquí lo que sucede es que, primero, el criador quiere seguir comercializando (no para preservar la raza precisamente) con los perros, aun cuando ya los ha vendido, y segundo, que el comprador, en este caso esta familia, seguramente vio la forma de hacer negocio y recuperar el dinero invertido en la compra de estos dos ejemplares. A mi entender entonces es doblemente inmoral: lo que se está haciendo por parte de quien vende y lo que se hace por parte de quien compra…, pero más inmoral es la parte que compra a un perro y se presta a esto.

Comprar es ya para empezar un acto de descorazón, y en este caso lo digo por todos los que compran vidas. Luego está comprometerse a tener camadas para recuperar dinero. Pero claro, no es una compra de corazón, es una compra de interés, es como quien compra un vehículo, por ejemplo una furgoneta; posiblemente ya lo hace con el interés de ponerla a trabajar, y eso me parece bien, porque es un material para ese fin, pero quien compra a un perro de raza y no tiene en mente esterilizarlo seguramente tiene en su cabeza hacer comercio con él. Aparte, esta gente es bastante mayor como para no darse cuenta de que lo que está firmando no es correcto. Y como estas personas hay miles que se prestan al mismo juego. Esto no es amor a los animales, es maltrato.

No por casualidad, toda aquella persona que va a una protectora a buscar a un perro cualquiera que sea de raza o no, no le importa que se lo den esterilizado, aún mejor, dicen, por beneficio del perro. Esto habla a las claras que quien adopta a un perro, no tiene la idea, ni se le pasa por la mente hacer negocio con él. Quienes compran, casi seguro que sí. Y lo siento, pero debo generalizar en este caso por aquellos que no esterilizan. Aunque conozco a mucha gente que inmediatamente ha castrado o esterilizado una vez adquirido, es la minoría.

Pero volviendo al caso de los que compran y no adoptan, estos son quienes decía anteriormente que compran determinadas razas para mostrarse y esconder sus carencias como seres humanos y luego ver la forma de hacer dinero con ellos, prostituyendo a los perros para beneficio de sus bolsillos.

Una vez leí una frase muy bonita y significativa que decía: «Un amigo no se compra». Cuando llevamos a un perro a casa, estamos llevando un compañero, un amigo, un ser al que se le está dando una oportunidad de vida digna, como hacen todos aquellos que rescatan perros de la calle o van a las perreras o protectoras a adoptar a un perro. Sin embargo, no veo nada de bien en el acto de comprar. Al contrario, fomentan un comercio (legal o ilegal, da lo mismo), siempre será un comercio de vida que hace que este grifo de inyección de perros al mercado sea cada vez más difícil de cerrar. Por eso digo «protectoras llenas, criaderos vacíos», por eso caen en sus garras tanta gente *boboconsumista* como esta gente, y les hacen firmar un contrato para tener una camada. Es lamentable que la gente se preste para esto.

Pero también estoy convencido de que las empresas de ventas de alimentos quieren que existan tantas protectoras y perreras, ya que de no ser así no moverían tanto volumen de piensos y alimentos balanceados. Haciendo un promedio, solo APAP Tossa de Mar necesita 60 kilos de pienso diarios, tanto para perros como para gatos. Al año equivale a más de 21 000 kilos, que convertidos en euros y multiplicados por todas las perreras y protectoras de España... ¿Creen ustedes que a la industria alimentaria de perros le interesa minimizar el abandono? Nunca he visto campañas de esterilización patrocinadas por grandes ni pequeñas firmas proveedoras de alimentos de animales. No interesa. Esto no es amar a los animales, cuando salen en sus preciosos anuncios televisivos con perros bellos, lozanos y cepillados, con una modelo alucinante diciendo que ama y cuida a los animales, queriéndonos hacer creer que aman a los perros y/o gatos. Mentira, solo se cuidan de que los responsables de animales caigan en sus publicidades subliminales y que compren sus productos, que es lo que les da dinero.

También es importante saber que por cada perro recogido que ha sido abandonado o perdido, cada ayuntamiento paga por hacer la gestión y llevarlo a la perrera o protectora, es decir, es dinero extra que le cuesta al ciudadano, dinero que sería muy bien invertido en obras o mejoras para la ciudad y no pagando la irresponsabilidad de gente desaprensiva que abandona vidas.

He estado en muchas ferias organizadas para protectoras, ya sea de perros, gatos, etc. Con el fin de hacerse conocer, de vender sus artesanías para recaudar dinero, hacer colectas de piensos y accesorios o atraer voluntarios o socios, todo me parece perfecto, me parece muy bien la iniciativa de los organizadores de todo tipo de encuentros para hacer conocer al ciudadano lo que hay y las necesidades de las protectoras. Lo que no me parece bien es que cada año son más y más las protectoras que se van agregando, fundando o van padeciendo más y más necesidades. Hay muchas personas que se alegran y dicen: «Qué país más animalista, cada vez hay más protectoras». Para mí en particular es un fracaso absoluto, es decir, el éxito debería ser proporcional al descenso o cierres de protectoras. Si vamos celebrando el hecho de que haya más protectoras cada año, estamos mirando desde la acera de enfrente; un país no es más animalista por tener más protectoras que el resto del mundo, un pueblo es más animalista cuando cuida de sus animales, se preocupa y ocupa de todo lo que signifique vida y cuando las protectoras en cada país son escasas. Estos parámetros de pocos refugios, protectoras o perreras no están diciendo que haya una conciencia animalista muy grande, o hay una educación a nivel proteccionismo y que las leyes de protección animal o de tenencia responsable funcionen con efectividad.

En países como Alemania o Suiza, por dar un par de ejemplos, prácticamente no hay protectoras, y las que hay podemos contar casi con los dedos de las manos los animales que en ellas están, no como en España, que las cifras de cualquier refugio es de tres dígitos. Muy triste.

Vuelvo a hacerme la otra vez la misma reflexión. Todo el dinero que se invierte en la recogida de animales, ¿por qué no se invierte en la educación temprana de niños en el colegio para aprender de la tenencia responsable y así minimizar el abandono y el maltrato de animales?

Las formas de interactuar con los perros

Muchas son las oportunidades que tengo de hablar con gente que me llama para atender casos de problemas de conductas de los perros, de hábitos, etc. Y las entrevistas van siempre por el mismo camino, el estrés canino, que es la causa de todo mal que aqueja al perro en su comportamiento, tanto dentro como fuera de casa. El estrés puede ser emocional o físico. El emocional está dado por ansias de separación, miedo, o angustia por ejemplo, y el físico por dolor o enfermedad.

Habitualmente, el estrés viene de problemas emocionales. Entonces hacemos la terapia correspondiente y al salir a relacionarnos con otros perros, con situaciones y elementos, me da la oportunidad de ver cómo interactúa la mayoría de la gente en los parques para perros o en los pipican. Personas tirando la pelota para que el perro vaya una y otra vez a buscarla, gente jugando a que el perro salte para que pille un palo en el aire, otro tirando un *frisbee*, tirando de una cuerda llamada con un nudo para que el perro luche y jueguen a ver quién gana... Un sinfín de actividades para perros que podemos ver en un parque.

Nada de esto está bien para que juegue el perro. Veamos, primero que nada los perros no están preparados para correr y saltar reiteradas veces como se les hace hacer en los parques. Un perro no tiene la contextura física de un felino, la elasticidad de un gato o de un leopardo, que están diseñados para estos ejercicios o movimientos. El perro tiene otra función u otra fisonomía de cuerpo para cazar a nivel de suelo, y todo aquello que intentemos que haga el perro fuera del nivel de suelo hay que ver muy bien si no es perjudicial para él.

Muchas personas dicen: «Sí, pero lo veo muy feliz corriendo detrás de la pelota o el palo, me gusta cómo se lo pasa». No. Primero, que quien se lo pasa bien es la persona que le tira la pelota, no el perro, Y luego es una forma más fácil y cómoda de pasear al perro, o dicho mejor, de «no pasear al perro». ¿Alguno de ustedes se ha puesto a pensar lo frustrante que debe ser para el perro que se le tire una y otra vez un objeto y que una vez que nos lo entregue, se lo volvemos a arrojar y el pobre sale corriendo a buscarlo, y así interminables veces? Pues empatizad con el perro, por favor; no le es divertido ni agradable. Y muchos responsables comentan: «Pero me la trae para que se la tire de nuevo». Claro, porque el perro hará lo que sea para quedar bien contigo, él sabe que tú te lo estás pasando bien e irá una y otra vez, y conozco a personas que han visto morir al perro de tanto correr infructuosamente detrás de un palo o pelota, y el responsable lo ha dejado morir literalmente de cansancio. Los perros pueden dejarse morir por complacernos, irán cientos de veces a hacer lo que para ellos creen que está bien, porque tú estás pasándolo bien.

Aparte de que el perro entra en frustración por este juego absurdo y perjudicial, estamos desarrollando en él un instinto de caza que no necesita, ya que comenzamos a mover esta actividad dormida que hace que el perro comience a correr detrás de todo lo que se mueve. Hay casos de perros que corren detrás de bicicletas, de gente que hace footing o de todo aquello que se mueva por el viento, y cuando preguntas cuáles son las actividades de juegos del perro con el humano, siempre es lo mismo: juegos con pelotas, etc. Además, ¿para qué quiere el perro entrenar el tema de cazar si su responsable va a la tienda y le compra el pienso? Así que no es necesario entrar en estas motivaciones. Distinto sería si se está rehabilitando a un animal para soltarlo en la naturaleza, ya que se tendrá que buscar la vida cazando, y se lo entrene para que sepa defenderse y alimentarse.

Este tipos de juegos producen ansiedad en el perro y estrés, y muchos de los males que padece, siempre o casi siempre, vienen acarreados por este tipo de juegos. ¿Cuántas veces han escuchado decir a otros responsables de perros: «Lo llevo dos horas al parque, le tiro la pelota ¡y cuando llega a casa quiere seguir jugando!»? Pues claro, porque se está entrenando a un atleta que cada vez quiere más y más actividad para quemar la energía acumulada y el estrés que tiene. Sumado al mal físico que se le hace al perro, se le está ocasionando un mal psicológico por la acumulación ansiedad y de estrés, que trae aparejados malos comportamientos que a sus responsables no les gustan. Entonces, ¿es tan difícil dejar de hacer estas actividades por el bien del perro, o seguimos haciéndolas porque a la gente le gusta hacerlas, sin pensar en el perro sino en ellos mismos? Si se hacen estas actividades a sabiendas el daño que se está produciendo al perro, no es amor, eso es maltrato.

Alguien me preguntó una vez que si su perro jugaba con una piña, palo o algo del estilo con otro perro, eso también producía ansiedad o estrés en el perro. Pues no, porque es algo que ha decidido hacer él con otro perro amigo y jugarán como deben hacerlo, pillándose, quitándose el palo, luego uno persigue a otro... En definitiva, es un juego de perros iniciado por perros, que ponen sus reglas y límites. Lo malo de estos juegos es cuando intervienen los humanos. No sabemos jugar como los perros, por lo que con cualquier cosa que se haga mal le hacemos daño al perro que tanto amamos.

Están los que juegan con los nudos, estos de tirar uno de cada punta; también es un juego donde interviene el humano, sin saber hasta dónde debe hacerse el juego. Primero, que le creamos ansiedad al perro, y después le estamos potenciando un instinto depredador que no es necesario, y luego vienen las conductas posesivas de los perros sobre elementos que toman de propiedad de los humanos, como zapatillas, ropa, etc. y si no los sueltan, los responsables se enojan porque el perro no les hace caso, y se preguntan: «¿Quién le ha enseñado eso»? También con los juegos de nudos y de elementos para tirar hacemos un trabajo de reforzar la mandíbula del animal, algo que no es necesario potenciar, ya que pueden ser muy destructivos debido a su fuerza.

También los juegos de arrojar elementos para que los perros corran detrás y lo atrapen pueden (y suelen) producir peleas indeseadas. En este aspecto conozco gente que aun sabiendo que puede haber problemas, sigue haciendo este tipo de actividades. Doy un ejemplo recurrente. En el parque, una persona tira la pelota para que su perro juegue, hay perros desconocidos y algunos deciden participar, y se ocasionan altercados si no saben jugar.

¿Los perros deben jugar? Sí, de eso no cabe duda, pero en la justa medida y con mucho control. En la mayoría de las reuniones de perros, siempre hay uno que controla el juego. Es decir, un perro más equilibrado que el resto o el que se considera más líder. Este es el que se encarga de cortar los juegos que se están realizando con mucha energía o que estén superando los límites que ellos mismos se ponen o deben tener. Entre ellos, se van dosificando las formas, pero claro, cuando interviene el humano, que no sabe o no empatiza con el perro y sus limitaciones, o posibilidades, pasa lo que pasa, terminamos con perros estresados, dañados, doloridos y que se ensartan en peleas.

Dentro de este grupo tenemos a los perros que les llaman deportistas (¿de dónde se sacó eso de deportistas?). No sé a quién se le ocurrió encasillar a un perro en el deporte como si fuera una profesión. Los perros no son deportistas, la gente los convierte en deportistas para enmascarar una frustración propia que han tenido. Otra cosa es que una persona salga el fin de semana con su perro a correr unos cuantos kilómetros, o a hacer una excursión, o a nadar en el mar, o la piscina haciendo una actividad física, muy de vez en cuando.

Los perros no están diseñados para ser «deportistas», los perros no son capaces de correr kilómetros y kilómetros en una competición denominada *canis cross* o lo que es peor, en bici, a menos (vuelvo a insistir) que se haga a modo lúdico y solo de vez en cuando.

La mayoría de las personas que tienen un perro «deportista» tiene un perro con problemas de salud, sobre todo problemas de articulaciones, caderas o ligamentos. ¿Alguna vez alguien que ha tenido un perro «deportista» se detuvo a preguntarse por qué sus perros tienen tantas lesiones? No, porque no le importa el perro, solo le importa llevar un trofeo a casa como si lo hubiera ganado él y que lo feliciten por el logro conseguido, y así pasar hablando horas sin parar, como si fuera el protagonista, mientras seguramente el perro duerme plácidamente, que es lo que realmente el perro quiere hacer, y no estar compitiendo.

He tenido la oportunidad de tener muchos pacientes que por hacerles trabajos físicos no aptos para perros, como hablamos antes, desde tirarle el *frisbee*, palos o hacer deportes, han gastado un dineral en ellos entre terapias y hasta operaciones. Pero lo más triste de todo esto es que aun sabiendo que el perro no está bien haciendo lo que hace, una vez recuperado lo vuelven a someter a las mismas actividades que le han ocasionado el mal o la lesión.

En una oportunidad tuve una paciente que tenía una perrita muy activa. Para bajar su energía le habían recomendado hacer juegos con *frisbee*, y como yo estoy en contra de todo esto, al consultarme le dije que no rotundamente y que el perro necesitaba otro tipo de actividades para quemar su ansiedad. Comenzamos la terapia y el perro mejoró notablemente, pero no me había dicho que por su cuenta y a escondidas de mí le hacía los juegos de tirar el *frisbee*, hasta que un día me enteré que tenía que operar a la perrita y que la intervención le costaba unos cuantos miles de euros. Pues bien, una vez operada y recuperada la perrita, volvió a jugar a lo mismo que le había ocasionado la lesión, pues se veía en las fotos que colgaba en Facebook. Eso no es amor a los animales, eso es maltrato.

Como terapeuta, hago terapias de rehabilitación mediante cráneo-sacral, *reiki*, *tapping* o aromaterapias, y me llegan perros a los que denominan «deportistas» con cierto dolores o lesiones, para que yo pueda hacer algo para aliviar su mal. Hago todo lo posible para que se recuperen y la sensación que queda una vez que se hace una terapia o una sesión es de impotencia, de saber que una vez resuelto el problema y recuperado el perro seguramente volverá a la competición sin que él, yo o nadie del entorno pueda hacer algo para evitar que esto suceda. Solo el responsable del animal tiene la capacidad de determinar su participación o no en competiciones, pero nada, siempre más de lo mismo, muy pocos son lo que se dan cuenta del mal que se le están haciendo al perro y en nada vuelven a estar en las pistas. Esto no es amor, es maltrato.

Otra de las actividades que la gente cree o le hacen creer (claro, porque hay un comercio detrás) es que el perro, para quemar energía y estar más tranquilo, debe hacer *agility*, que eso le mantendrá cansado y que la relajación está asegurada. Eso es absolutamente mentira. Y no estoy en contra de que se haga una tanda de *agility*, es más, tengo una pista en el centro canino con elementos de obstáculos para hacer que el o los perros puedan ejercitarse. Pero hay dos formas muy interesantes de hacer este tipo de actividades: desde la relajación, trabajando la parte cognitiva del perro, y haciendo obediencia, que es una de las formas que más me gusta, en donde se puede hacer que el perro vaya resolviendo problemas, vaya teniendo un ejercicio de conexión con el responsable, donde se trabaja la confianza de uno hacia el otro y la obediencia de uno y el otro.

La otra forma de hacer *agility* es dentro de lo lúdico, es decir, ir a pasárselo bien y sin esforzar al perro, y no para que gane premios; así evitamos estrés en el perro y también evitamos las lesiones. Eso es para pasar un buen rato divertirse, hacer amigos, socializar (tanto el perro como su responsable) y punto, lo demás se puede considerar maltrato.

He estado en varios eventos donde se realizan competiciones de *agility* a nivel profesional y el estrés que tienen los perros es más que evidente. A pesar que he tenido la oportunidad de hablar con acompañantes de perros en estas competiciones comentando esto, me han contestado que no, que no están estresados y un poco enfadados me han dejado con las palabra en la boca, como no queriendo escuchar mi opinión al respecto. Perros encerrados en trasportines, con el estrés propio del responsable que tiene la misión de guiar al perro, dando saltos y corriendo a altas velocidades, lo que no va bien para su osamenta..., todo para que su responsable esté orgulloso del trofeo que gana el perro (no la persona) para alimentar su ego personal.

Las publicaciones en las redes sociales

Con el furor de las redes sociales y la difusión inmediata que tienen las publicaciones, es muy normal y habitual que la gente saque fotos o haga filmaciones de sus perros o de cualquier animal y las publique en internet. Muchas de estas son muy simpáticas y divertidas, por las monadas que hacen sus perros, pero algunas situaciones que cuelgan no son muy adecuadas ni divertidas como sus responsables creen.

Les cuento algunos casos. Por ejemplo, cuando yo veo algo que no me gusta (siempre empatizando con el perro, que es lo que me mueve, y más por mi profesión), inmediatamente hago el comentario pertinente si el vídeo es divertido y no altera al perro, solo pongo me gusta y listo. Pero cuando hay algo que no me agrada porque el perro lo está pasando mal, hago el cometario para que quien haya puesto el vídeo se dé cuenta de que no es bueno por lo que pueda estar pasando por la mente del perro. Hace unos días justamente vi un vídeo en el que se ve a un perro enfadado porque una mano de una persona le molestaba sobre su cara, sobre su cabeza, y el perro mostraba dientes y hacía señales de calma. Hacía todo tipo de señales, diciendo claramente que no estaba de acuerdo con lo que estaban haciendo con él. Pero las risas que se oían en el vídeo y los comentarios haciendo referencia a lo malhumorado del perro, tomándose con gracia lo que hacía el perro, me dieron pie a hacer un comentario. Solo dije lo que pensaba en ese momento: «Luego si el perro muerde, hay que matar al perro». En cuestión de minutos estaba contestando (quien puso el vídeo en Facebook) sintiéndose ofendido por lo que dije.

El responsable del perro, así como muchas otras personas, lo que pretenden usando las redes sociales mediante el uso de vídeos o fotos en donde los perros o animales en general no se sienten cómodos (aunque a sus responsables les cause gracia) es llamar la atención. Perfectamente se apreciaba que mientras todos los comentarios de amigos y conocidos eran buenos y con dedito hacia arriba, risas y halagos para el perro (aunque indirectamente los estaba recibiendo quien colgó el vídeo, ya que el perro no sabe de estas cosas), todo iba bien, ya que estaba logrando su cometido: que le prestaran atención al menos en un momento del día. Pero cuando se coló un comentario que esa persona no quería leer, se molestó porque no iba bien para su ego.

Lo más lógico era que la persona que colgó ese vídeo, si leyera un comentario de que el perro no lo estaba pasando bien y más viniendo que un educador canino, se preocupara e interesara del porqué se había dicho eso y qué me movía a expresarme como lo estaba haciendo. Yo, educadamente, hubiera dado mi punto de vista y hubiera dicho: «Ese perro que está en el vídeo seguramente es un muy buen perro, no cabe duda, y no va a morder (esa es la nobleza de los perros y animales en general, soportan todos los improperios de los humanos hasta más no poder), pero está haciendo todo lo posible para que entiendan que no le gusta que le estén molestando de ese manera. Aparte de que no corresponde, el perro hace señales de calma (entiéndase por lenguaje canino) para decir que no le molesten, y después, cuando no logra disuadir a los que le están incordiando, les muestra dientes y gruñe... Pero nada, la gente sigue haciéndolo y riendo. Para ellos la situación es muy graciosa, les divierte el mal humor que tiene el perro cuando le hacen eso. Muy divertido, ¿no? Pues para el perro no lo es, bajo ningún punto de vista y está muy claro, con todas la señales de calma que está haciendo».

Seguro que ellos confían en su perro y por más que se le moleste, para ellos es un juego. Pero no deberían hacer esto. Primero, si empatizan y aman a su perro, es una cuestión de respeto. Luego, si por un accidente (digámoslo así), el perro mordiera a una persona o a un niño por intentar hacer esto que divierte tanto, seguramente ya se tildaría al perro de agresivo. «Cuidado con el perro», y si sigue en esta actitud, se abandona o se mata. Seguramente (digo lo mismo) no sea el caso de este perro en concreto, no juzgo, siempre diré lo mismo, sino que estoy dando mi opinión. Y hablo con fundamento de causa, ya que justamente en esos días que vi el vídeo entró a mi centro canino a un perro que estaba tildado de agresivo con personas, por situaciones similares. Cuando se le intentaba quitar algo que había agarrado con la boca o a la hora de la comida, se ponía como una furia y mordía, pero de verdad, atacaba a matar. ¿Y cómo empezó todo? Pues poco a poco; comenzó con simples bromas que se le hacían al perro para que se enojara y se pusiera en ese estado, hasta que el perro se hartó, se cansó y comenzó a defenderse.

Entiéndase lo que digo, no empezó a ser agresivo o a tener una conducta agresiva (como me gusta decir a mí), sino a defenderse de los atropellos, de la falta de respeto hacia él y de las bromas de mal gusto (hablando en humano, para que se entienda) que se le hacían. Comenzó a morder, porque eso sí le daba resultado para que lo dejaran de molestar, ya que haciendo las señales de calma que en su momento él hacía a las personas que lo molestaban no dejaban de hacerlo, así que «vamos a lo fácil» (diría el perro), muerdo y me evito conversaciones con humanos que no entienden, no empatizan y me faltan al respeto.

Cuando este perrito entró en el centro y comenzamos a hablar con él en el mismo idioma de perro y por lo tanto era comprendido, a los pocos días (pueden verse vídeos en YouTube) dejó de tener ese comportamiento indeseado. Pero ¿cómo quieren que se porte un perro ante personas que para hacerles rabiar más le ponían y sacaban el plato de la comida con una escoba para que mordiera y mostrara su estado de alteración, y además eso les causaba gracia? Para terminar con esta historia, puedo decir que este perrito superó su problema y fue rehabilitado por completo.

En otra oportunidad pude ver también en las redes sociales un vídeo que colgó un particular que causaba mucha gracia y comentarios muy diversos sobre lo genial que era. En la grabación, un bebé humano de unos 3 años estaba sentado en una cama para perros y el can intentaba entrar en su cama para acostarse. Entonces el niño le echaba a manotazos y el perro, muy respetuoso (como son todos), se iba. Regresaba para tratar nuevamente entrar en su cama y el niño volvía a echarlo. Así, reiteradas ocasiones. Las risas de los que filmaban eran muy elocuentes de que se lo estaban pasando bien y les resultaba muy divertido. Pero entre tantos mayores allí reunidos viendo lo que estaba pasando, no había ninguno con un mínimo de cabeza que pensara que la situación de hilaridad que se estaba viviendo sería un mal ejemplo, para el niño, que en un futuro sería un irrespetuoso con los animales en general. ¿No es mejor comenzar a temprana edad a educar a los niños en el respeto y la empatía hacia los animales domésticos para que así también tomen conciencia en su mayoría de edad del respeto por la naturaleza y el planeta en que vive? Me pareció un acto muy fuera de lugar. Pero, ¡oh, sorpresa!, la persona que colgó el vídeo (no es quien lo filmó) se dio cuenta de lo que comenté y lo quito casi de inmediato, ya que lógicamente esta filmación da pie a que otras persona se atrevan a grabar cosas parecidas de niños faltando al respeto a animales y esto se entienda como gracia.

Pero una reflexión mía es: «Posiblemente al final del camino este niño se convierta en un maltratador de animales. ¡Espero que no!». Hay que tener mucho cuidado y mucho criterio al dar me gusta o al comentar estas cosas en las redes sociales, porque podemos fomentar y ser cómplices de cuestiones muy evidentes de maltrato animal.

Las redes sociales son una herramienta que bien usada es muy efectiva, poderosa y convocante para todo aquello que es protección animal, convocatorias y peticiones de firmas para una causa en contra del maltrato. Pero también puede ser con el uso indebido una herramienta de lucro con la venta de animales de todo tipo, de mostrar maltratos de animales o de todo tipo de situaciones donde intervenga la mano del hombre y el dolor de los bichos.

Solo con denunciar (¡anímense a hacerlo!, no pasa nada y limpian la conciencia también) o comentar lo que realmente ven y no dando con el dedito para arriba para quedar bien con la prima, el amigo o el suegro, no es suficiente. Hay que decir y pensar lo que se sienta frente al maltrato animal, cualquiera que sea. Es un mundo muy hipócrita en el que se mueve el ser humano. No seamos nosotros un grano más de arena en este desierto de insensibilidad y esta imperfección que hay en creerse que amamos a los animales cuando callamos, miramos para otro lado, somos cómplices del dolor de los animales o directamente estamos maltratando.

Es muy triste ver cómo la gente no para de firmar causas que se piden por Change.org o algunos otros portales donde se pide que se detengan, por ejemplo, la matanza en China de perros para la celebración que se hace cada año, y se llegan a firmar y juntar millones de firmas. Cuando digo millones, es así, hasta tres millones de firmas se han llegado a reunir, y no se preocupan por lo que está pasando dentro de nuestro propio país con maltratos, que es igual o más penoso que lo que sucede en China. Si no denunciamos lo que sucede aquí, terminamos siendo cómplices, ¿o no? Y a los ojos mismos de cada uno, hay mucha hipocresía y muchos intereses personales que hacen que actuemos de esta manera.

Si somos animalistas, apoyemos todo lo que esté relacionado con el maltrato o la explotación animal.

El depredador mayor dentro de la especie humana

Es bien sabido que el hombre como especie es, entre tantas cosas, quien genera más desperdicios, el que contamina más, etc. Numerosos informes e investigaciones que se han realizado así lo confirman. Y es por supuesto el mayor depredador, además de ser la única especie que mata por placer, usa la muerte como espectáculo y, lo más lamentable, cabe la aclaración, que hay otras personas que pagan para ver estas escenas. Por ejemplo, podemos hablar de algo cercano como son los espectáculos de toros, donde un persona mata por placer a un inocente animal y otras aplauden a rabiar e idolatran al matador. Definición correcta de matador: que mata, quita vida, aunque la Real Academia Española dice: «Torero que por profesión ejerce el arte de matar los toros con espada». Debería agregarse a esta definición: «... matar a un indefenso toro que previamente ha sido manipulado para que esté semi inconsciente y que con la ayuda de banderilleros y piqueteros el torero termina acabando con el entregado toro». Lo que más gracia me hace es la palabra «arte». Mi pregunta es: ¿qué piensan los escritores, artistas, pintores, escultores y todos los que crean y hacen cultura que metan a los toreros en su misma categoría?

Arte sería que un torero se ponga mano a mano y en condiciones de igual a igual, que se enfrentara a un toro y luche con él hasta la muerte, solo valiéndose de su propia fuerza, pero una situación así sería más para gente valiente. Además, es más fácil ganar dinero de esta manera, con ayuda de armas como la espada y un séquito de personas, que no servirán para más nada en la vida que para servir a un torero. Tampoco estoy juzgando, solo estoy opinando.

Pero dentro de la especie *Homo sapiens*, los depredadores más grandes y tristemente calificados son los cazadores. Esta subespecie humana es una de las que más daño en vidas y en ecosistemas causan, y cuando hablamos de cazadores, hablamos de los de ballenas, lobos, focas, los que participan en safaris por África asesinando a cuanto animal se mueve... Estos son los que hacen safaris por el continente negro para cazar leones o elefantes, que claro, no van solos, van con una tropilla de nativos que acorralan y cansan a los animales hasta tenerlos agotados y cuando ya están a punto de caer llega el valiente, el héroe, el experimentado cazador de África y solo lo que hace es rematar al pobre animal, que ya está dejándose morir por el cansancio físico y mental que tiene. Si no es de esta manera, entonces se esconde entre los árboles y a la distancia dispara cobardemente y por la espalda. Vuelvo a insistir: ¿por qué no enfrentan de igual a igual a un león y pelean con él hasta la muerte con sus propias manos? Eso sí sería digno de «admirar», entre comillas, claro.

Y luego de matar (a traición) a un animal cualquiera que sea, cuelgan sus fotos en las redes sociales alardeando de lo conseguido, para que sus conocidos admiren lo grande que es y lo estén esperando con ansias en su pueblo, para ver el trofeo que cobardemente ha obtenido.

A ver, señores cazadores, con dinero cualquiera es un buen tirador y cazador si compramos un gran fusil, pagamos a una empresa con un montón de morenos que nos hagan las previas para cansar y dejar grogui al animal que queremos matar y, una vez que la faena grande está hecha, ir y rematar al bicho. Esto hasta un ciego lo hace, esto tampoco es arte, es un acto de asesinato de un simple sicario.

De lo que me toca a mí hablar por mi profesión es de los cazadores domésticos que tenemos pululando por cualquier sitio de la geografía de España, esos que, armados, están a la vuelta de cualquier zona rural.

Esta gente, dentro de la subespecie humana, son una plaga muy difícil de erradicar y son los que dicen que cuidan y aman a los animales, sí, así como lo oyen. Muchos de los que lean esto no lo podrán entender, pero los que vivimos o han vivido en los medios rurales sabemos perfectamente de qué hablamos.

Hay momentos en los que entro en la reflexión y digo que a estos señores (con perdón a nuestra querida especie humana) hay que comprenderlos, porque son gente frustrada de la vida, con complejos de inferioridad, igual fueron maltratados o no tuvieron una infancia feliz, etc. Ello me hace pensar que probablemente tienen un gran problema psicológico que hace que actúen con un arma, matando insensiblemente a animales que no tienen la culpa de la vida desgraciada que vive. Hay un estudio muy completo sobre esto, basado sobre experimentos de psicólogos y antropólogos.

Estas personas, aunque parezca mentira, se autodenominan amantes de los animales, y allí es donde viene la contradicción inmensa: «¿Amantes de los animales?». A ver, señores, un amante de los animales en primer lugar no maltrata a sus propios animales, en este caso a los perros que ellos, arbitrariamente (ya que los perros no quieren hacer lo que les obligan a hacer) y de manera cruel son obligados a salir a cazar solo por diversión de quien lleva el arma.

El maltrato al que me refiero muchos de nosotros lo conocemos, porque vemos en televisión, prensa, radio o en redes sociales cómo actúan o qué hacen cuando un perro no sirve para lo que ellos quieren (es decir, matar). Si el perro es pequeño y no sirve para la caza, intentan venderlo (ya es un maltrato y un comercio ilegal), y si no logran venderlo, directamente lo matan. Si el perro es adulto y ya no les sirve como ellos pretenden, en lugar de jubilarlo y darle una buena vida en agradecimiento al servicio prestado, ¿qué hacen para descargar el odio que llevan encima?, pues matar al perro. En el mejor de los casos le pegan un tiro y el can muere sin sufrimiento, pero en otros, o en la mayoría, los torturan hasta que mueren. Es duro lo que voy a describir, pero es la triste realidad de esta subespecie humana depredadora llamada cazadores.

Las torturas a las cuales son sometidos estos pobres perros, que tienen la desgracia de caer en manos de esta gente y no servir para lo que ellos pretenden, van desde colgarlos de un árbol por el cuello con un alambre y que las patas traseras queden en el suelo hasta que el perro no pueda más de cansancio y caiga rendido y muera ahorcado, o enterrarlos en el suelo hasta el cuello para que pase días y días gritando, ladrando hasta el cansancio y muera de hambre y/o de sed. O suelen soltarlos en el monte con un bozal en la boca para que no puedan comer ni beber, y si no tienen la suerte de que alguien los encuentre, morirán de sed y de hambre. O los dejan atados con alambre para que otros animales los maten. Estas son algunas de las muertes indignas que propician y celebran los cazadores.

Volvamos un poco a los perros que tienen. Bien, indudablemente a los cazadores se les concede un permiso para cazar, claro; es como una licencia para matar impunemente. Seamos claros, ¿es así o no? ¡Basta de taparnos los ojos ante este atropello de esta subespecie! Haciendo averiguaciones con los organismos competentes de cómo se concede o funciona un permiso para un cazador, se puede ver que es de licencia deportiva, y entonces uno se queda más desorientado que Adán en el día de la madre. ¿Licencia deportiva? ¿A quién sin dos dedos de frente se le ocurrió en su momento denominar así este permiso? Pues sí, así es, o sea, el matar es un deporte. Bien, sigamos analizando. Están en su derecho de tener perros, claro, son tan incapaces de cazar por sí solos que necesitan ayuda externa, en este caso de los perros, ya que sin ellos, no podrían pillar ni a una tortuga.

Los perros, según la ley, deben estar en condiciones óptimas. Hablamos de que se les tiene que dar un permiso que en España se llama «núcleo zoológico» y que, para darlo, el organismo que hace este otorgamiento debe cerciorase de que las condiciones de vida físicas y psicológicas de los perros sean dignas, higiénicas, sin maltrato, y muchos «sin» más. También tienen prohibida la reproducción de perros y su venta es ilegal, ya que tienen un permiso para cazar, no para criar, permiso que solo se da a los criaderos.

Pero no se cumple ninguno de los «sin» de los que hablaba, es decir, los perros viven hacinados, en galpones o naves donde pueden tener tranquilamente 30 perros estresados, llorando, gritando, mordiéndose entre ellos o estando muertos algunos ejemplares durante días sin que esta gente se preocupe por ellos. Perros enfermos sin cuidados médicos, perros sin esterilizar que se montan entre ellos, teniendo camadas no deseadas que luego son vendidas o abandonadas... Vean las páginas de protectoras y perreras y verán la cantidad de perros de caza que llegan allí, sin que ninguna persona los reclamen. ¿De dónde vienen? La respuesta es obvia: de los cazadores.

Los aullidos y ladridos constantes de estos perros que viven así son desgarradores. Cualquiera que viva en zonas rurales puede dar fe de esto, ya que yo vivo en una zona rural. Luego, cualquier ser humano racional puede darse cuenta de que perros amontonados, como si fueran bolsas de patatas, no es una vida sana, ni psicológica ni físicamente, porque eso literalmente es maltrato.

Perros que no comen correctamente, ya que la comida se las dejan en tolvas, donde pasa días y días puesta allí, que es presa de moho y de diversas adversidades climáticas como la lluvia, el polvo o de las ratas, que hacen sus necesidades sobre el alimento y que todo esto interfiere en la buena calidad del mismo y repercute en la salud de los perros.

Perros que no pasean, perros que no socializan con otros perros, que no son cepillados para evitar parásitos o problemas de piel (da igual ¿para qué?, si al que tenga algún problema lo matan o abandonan y consiguen otro). Entre ellos se van dando crías y crías sin control de NADIE. Los cazadores son tan malas personas que se roban los perros entre ellos para tener crías y venderlos, y hacer negocio ILEGAL. Señores de Hacienda, vean eso y actúen.

Vivo en una zona donde los cazadores pululan. Pasear por la zona y ver cómo los perros están en galpones, zulos o jaulas de rejas tipo gallineros, ladrando y mordiéndose entre ellos por causa del estrés es lo habitual. También es frecuente ver sus patas y uñas desgarradas de tanto intentar escapar y rascar la tela de alambre. Dan realmente pena. Cabe pensar: ¿qué mente es la mente de maltrato que tiene un cazador?

Otra de las cosas que se puede ver es cómo los cazadores transportan a sus perros en esos trasportines a modo de remolque, en donde los perros van unos sobre otros en algunos casos, saltando, golpeándose y ladrando, generando estrés entre ellos y los perros de las casas o fincas que los oyen. En el caso de mis perros, ellos se vuelven locos y ladran de una forma desesperada cuando oyen y ven este triste espectáculo. Saben perfectamente que allí dentro de ese coche van perros sufriendo.

Los perros de los cazadores sufren gran estrés, son conscientes de que están haciendo algo que no quieren hacer, de que están obligados (un perro por naturaleza quiere tranquilidad y paz, está estudiado y comprobado). Además, saben perfectamente que el que conduce ese vehículo es una persona que no tiene buenas intenciones, ni con sus perros ni con los animales de alrededor. Los perros son grandes lectores de energía y sobre todo energías alteradas y/o negativas.

He hablado con varios policías forestales en reiteradas ocasiones. Algunos amigos y conocidos míos también han tenido la oportunidad de charlar con los guardias, y a través de las conversaciones que hemos tenido, con las que hemos conocido los pensamientos de quienes se dicen la autoridad y que están para cuidar el bosque y la armonía del entorno rural, saco estas conclusiones. Primero, que los guardias forestales, como los policías (es mi opinión), tienen las manos atadas con respecto a los cazadores. ¿Por qué? Eso es lo que me gustaría saber. En reiteradas oportunidades hemos tenido que llamar a la policía porque cazadores, no más lejos de 50 metros de la casa donde vivo, estaban disparando. Los disparos o perdigones pasan por los árboles que están en el patio de casa y desojan las plantas que allí hay. En una ocasión, llamándoles la atención a estos desesperados y frustrados cazadores (que con las ansias de disparar y matar, le tiran a todo lo que se mueve, no importa si está vedado o no y seguramente en la desesperación disparan hacia donde no deben), nos respondieron de muy malas maneras, por lo que procedimos a llamar a los forestales.

Una vez que se personaron los forestales y explicándoles la situación de los que disparaban, nos dijeron: «Mientras estén a 150 metros pueden estar disparando, siempre que estén de espaldas a la casa». Bueno, no eran 150 metros, sino unos 50 metros, así que ya estaban faltando a la ley. Les comentamos que los disparos pasaban por los arboles del patio de casa, o sea, que de espaldas nada. Nos respondieron que si encontrábamos el casquillo podríamos denunciar. A ver, señores, ¿qué casquillos, si disparan con escopeta? ¿A dónde vas a encontrar los plomos de los perdigones? «Esto es más que imposible», les comenté.

Le pedimos que hablaran con ellos y nos respondieron que ellos estaban en su derecho, porque pagaban para hacerlo (para cazar) y porque tenían permisos y que seguro que si estaban allí era porque los habían llamado para cazar jabalíes, ya que «son una plaga y comen los cultivos», según palabras de los forestales.

Bien, conclusiones de esta parte de la conversación. Como primera reflexión, el lugar en el que estábamos pertenecía a todos los propietarios de esas tierras, que son agricultores, sí, pero animalistas también. Conocemos bien a cada uno de ellos (en al menos 3 o 5 kilómetros a la redonda), y creemos que no podían haber llamado a cazador alguno para que matara impunemente a un jabalí o lo que fuera. Así que por ese lado no había excusa, se metieron en esas zonas porque son unos caraduras y están protegidos por la ley. Segunda reflexión: llevo 15 años viviendo en España, en esta zona concretamente, y en todo ese tiempo solo una vez vi a un jabalí, así que plaga endémica, como dijeron los forestales, nada de nada.

Luego, siguiendo las conversaciones y pidiendo que nos explicaran cómo creían ellos, como autoridad, que debían estar los perros de los cazadores, nos comentaron que como los de cualquier ciudadano: perros cuidados, chipados, controlados, etc. Perfecto, pero... ¿por qué los controles para ellos no son tan estrictos como para cualquier persona?... Silencio y conclusiones de mi parte. Si alguien me dice que sí, que se controlan los perros de los cazadores como los de cualquier persona normal, yo digo que es mentira.

Los pobres perros de los cazadores están en una situación de miseria, algunos pasan 24 horas atados a pleno sol en verano y a pleno frío en invierno, y eso lisa y llanamente se llama maltrato. Andan sueltos por la carretera en manadas en época de caza, con el consiguiente peligro de ocasionar un accidente o de ser atropellados. Pero vete tú a saber lo que puede suceder si tu perro anda suelto por la carretera, te pueden multar y claro, la diferencia es que ninguno de nosotros somos cazadores y no estamos exentos de multa. Por otro lado, somos animalistas y, como cuidamos y queremos a nuestros perros, seguramente nos preocuparemos de que no vayan sueltos por una carretera, pero si por accidente uno lo hiciera y tuviéramos que encontrarnos con la policía, el trato no sería el mismo que con un cazador, te lo aseguro. La policía a los ciudadanos comunes no nos tienen miedo; a los cazadores, sí.

Les pregunté a los forestales: «¿Los cazadores tienen permisos para criar y vender las crías?». Me dijeron que no. Pues sí, señores del Gobierno, estos depredadores, además de cazadores, son criadores aunque no estén autorizados a serlo. Crían libremente y venden sus cachorros a precio de mercado. También como negocio usan a las crías y cuando ya los perros están en condiciones de cazar o, mejor dicho, de ser sometidos a cazar, son alquilados a otros cazadores que no tienen perros y de este modo logran un dinero extra. Esto lo detectamos porque no entendíamos que los perros no hacían caso en algunas ocasiones a los cazadores y haciendo las averiguaciones correspondientes nos enteramos de este otro teje y maneje que tienen entre ellos.

Señores de Hacienda, allí pueden sacar un dinerito extra ustedes. Esta gente tiene los criaderos ilegales, metidos en los bosques de toda España, criando y vendiendo cachorros ilegalmente (bueno, la venta de vida no es que sea legal o ilegal, en definitiva no debería existir, por ética) o alquilando los perros para estos menesteres de la caza. Todo el mundo lo sabe y la policía con más razón, ya que por donde camina o pasea la gente cualquiera puede ver y oír a los perros en los zulos en donde se hacen crías ilegales. Lo que quiero decir es que la gente común que no está en el tema los ve y lo detecta y los policías, que se entiende que es parte de su trabajo, cuando pasan por allí no lo ven, «supuestamente». Qué casualidad, ¿no? Pues sigo haciéndome preguntas para las que no encuentro respuestas.

Luego, las conversaciones con los forestales iban en la línea de que debemos agradecer a los cazadores (un poco más de lo que se idolatra o admira a esta sub especie humana) la labor que hacen salvándonos de los jabalíes, o que los caminos rurales estén en buen estado, porque con su encomiable labor de cazar hay caminos rurales en condiciones para transitar, pasear y disfrutar.

Pues señores de la ley, en primer lugar, yo ni nadie quiere que esta gente nos salve de los animales sueltos, sean jabalíes, palomas o conejos, pues repito que en mis 15 años en España solo he visto un jabalí. Por lo tanto, si de alguien debemos cuidarnos no es de los jabalíes, sino de los cazadores mismos. Esos sí que son peligrosos.

Luego, les cuento esto para que sepan, conversando con un cazador jubilado, nos dijo que muchas veces los jabalíes (porque en teoría el jabalí es un animal más grande y es cierto que de hacer daño es más poderoso y dañino que cualquier otro animal del monte) son movidos exprofeso por los cazadores de las zonas boscosas para que bajen a los cultivos y a los poblados y justifiquen que se está cazando por un bien a la comunidad. Pues mi conclusión es que hacen esto para estar cerca de los bares y no tener que meter sus 4x4 en zonas rocosas, no fuera que se les rompan, y así poder beber y comer sin moverse mucho de los lugares urbanos. He visto a la policía (no forestal) tomando su café con leche en el mismo bar, casi compartiendo barra, que los cazadores comiendo y bebiendo alcohol como si nada a primera hora de la mañana y luego salir del bar coger sus coches y sus escopetas sin más, y la policía ni despeinarse. Más preguntas de mi extenso cuestionario: ¿no debería haber actuado la policía de oficio y verificar todo tipo de documentación o hacer control de alcoholemia? (llevan en ese momento vehículos y armas, algo doblemente peligroso para los ciudadanos comunes), ¿por qué siempre esperan la denuncia para actuar y no actúan de oficio si tienen poder para hacerlo? Preguntas sin respuesta, seguramente porque no quieren que se sepa qué pasa detrás de todo este circo montado por los cazadores.

Y volviendo a los comentarios de los forestales, los caminos rurales están en condiciones sin los cazadores, porque los agricultores de la zona, sea la que sea, trabajan de sol a sol y de escarcha a escarcha, son los que con sus tractores y camiones mantienen limpios y transitables los caminos que disfrutamos todos, así que no me vengan con versos y filosofías baratas, porque a los cazadores no hay que agradecerles nada de nada, rompen la armonía de la naturaleza, ya con esos chalecos naranjas patéticos rompen con la belleza de la imagen de la naturaleza, espantan a los animales del bosque, maltratan a sus perros, interfieren en el descanso de las personas que pagan para ir a las zonas rurales a descansar con sus familias, rompen la armonía de las personas que viven en las zonas rurales. ¿Qué es lo que tenemos que agradecer a esta gente? Por favor, que alguien me lo explique.

Hablando de disfrutar, poco podemos hacerlo de los caminos en épocas de caza, ya que esta gente copa todos los entornos donde los días de descanso podemos aprovechar quienes tenemos perros, tienen niños o quienes quieran realizar algún deporte de montaña. Es una tarea imposible, porque están por todos lados y aparecen en el momento menos pensado y se enfadan de tal manera, cuando les interrumpen sus cacerías, que meten miedo. Son los señores y dueños del bosque. Amenazan a los lugareños, son temidos por los policías rurales, protegidos por la ley e ignorados por Hacienda.

Pero tenemos una gran esperanza de que con la ayuda de todos, mediante peticiones, las redes sociales y viendo las edades de esta gente, pronto se acabará. Sí, todos son ya muy viejos, lo que también hace pensar y hacer la pregunta: ¿están capacitados para portar un arma? Encima suelen ir con copas de más, con lo que están infringiendo doblemente la ley, por conducir coches y manipular armas. ¿No sería conveniente, sigo insistiendo en lo mismo, hacerles permanentemente controles de alcoholemia? Digo por decir una tontería…

Luego, otra cosa muy importante que se debe saber es que los cazadores (como dije en un momento) se jactan en decir que están haciendo un bien a la comunidad porque están luchando con una plaga, en este caso por ejemplo el jabalí, que causa muchos daños. Pero es poco sabido que ellos mismos, en la época de veda de la caza de jabalí, se dedican a dejar cajas de alimentos en los montes y bosques donde viven los jabalíes para que crezcan y que, cuando sea la época de la matanza, estén ya crecidos y adultos. Porque el cazador, si estuviera luchando para que esto se acabe, no solo mataría al jabalí adulto, sino que también a sus crías, pero, ¡oh, sorpresa!, otra casualidad: los cazadores no disparan a las crías. ¿Por qué será? Tal vez porque son muy humanos y les dan lástima... ¿O quizá por qué así se aseguran la caza de la próxima temporada? Pues de allí viene el interés de dejar cajas de alimentos en los montes, para que esas crías puedan alimentarse bien y crecer. (Dicho por el cazador jubilado que mencioné antes).

Muchos paseadores de perros que acostumbran a ir al bosque se han encontrado con estos sacos de alimentos que son indefectiblemente para los jabalíes. Consultado esto a los forestales, ellos contestaron que no conocían ese hecho, que no lo habían visto y que no tenían noticias de que esto suceda. ¿Ellos son guardas forestales expertos en estos temas y no saben nada de esto? Cualquier paseador de perros, persona particular, está enterado de todo. ¿Cómo es posible? Las cuestiones que hay que plantearse son: ¿los guardas forestales son expertos y están realmente muy capacitados?, ¿los ciudadanos son más listos que los guardias? ¿Vale la pena pagar a una brigada que no está haciendo bien su trabajo? ¿O presuntamente hay algo más que hace que se haga la vista gorda a estas prácticas?

Cuando un guardia forestal me comentó que los cazadores están haciendo un bien social porque eliminan una plaga que arrasa con cultivos y va en contra de la economía del país por falta de producción, le pregunté: «¿Sabes cuántos jabalíes se necesitan para disminuir la producción de lo que sea en el país? Cientos de miles. Pues no los hay y ni los habrá».

Y le pregunté también: «¿Cuánto se le paga a un cazador para que haga esta faena?». Me respondió: «No, ellos pagan». Repregunté: «¿Entonces cree usted coherente que si es un problema que ve el Gobierno, que los jabalíes interfieran en la producción de materia prima de la que sea y que melle la economía del país, no debería el Gobierno pagarles a los cazares para que hagan este trabajo?».

Esto, para que se entienda mejor, es como por ejemplo que todos los jardineros del país le plantearan al Gobierno de España que han estado en jardines públicos, paseos y plazas y que han visto que están descuidados, que hay mucha hierba para cortar y flores para reponer, que ellos se encargaran, pagando para hacerlo y además que se harán cargo del gasoil, de las herramientas los empleados, impuestos, etc., y arreglaran todo lo que se ve mal. Lo primero es que en qué cabeza puede caber que un forestal se crea el argumento de que están haciendo un bien a la sociedad y pagando. Y segundo, que salgan a hacerle creer a la gente que es así, porque ellos han caído en ese verso. ¿Creen que nosotros también caeremos en este cuento?

No, señores, todo son complicaciones por donde pisa un cazador, pues se dice que «donde pisaba el caballo de Atila, no crecía más la hierba», así pues, donde pisa un cazador solo crecerá mala energía y discordia entre los habitantes humanos y la fauna. Si están tan interesados, tanto el Gobierno como los cazadores, en colaborar con la erradicación o el control de los jabalíes, ¿por qué no aportan su sabiduría, su experiencia, sus perros y todo el mecanismo con que cuentan para ayudar al control de otra forma y no matando? Por ejemplo, como lo que propone FAADA (Fundación para el

Asesoramiento y Acción en Defensa de los Animales) en un informe muy preciso sobre este problema:

> *Faada ha denunciado la promoción de **la caza de jabalíes** por parte del departamento de Agricultura de la Generalitat para controlar la población de estos animales por considerarla «**un método poco ético e ineficaz**».*
>
> *La **población de jabalíes en Cataluña se ha multiplicado**, considerablemente, en 14 años, lo que ha provocado **conflictos con las personas en zonas rurales** y urbanas, accidentes de tráfico y la transmisión de enfermedades y parásitos.*
>
> *Faada ha resaltado las **consecuencias negativas** que crea la caza, como el aumento de conflictos con humanos y de los accidentes de tráfico en época de cacería, ya que los animales intentan escapar y buscar refugio, a lo que añade los problemas ambientales que causan los perdigones de plomo.*
>
> *La entidad animalista ha defendido **métodos alternativos para disminuir la población** de jabalíes en Cataluña y acabar con los problemas que generan. Una de las medidas más importantes es el **control de la fertilidad de los jabalíes** mediante vía oral o la aplicación de vacunas de anticonceptivos anualmente, que disminuiría el número de animales a largo plazo, «y cuya efectividad ya se ha demostrado en Estados Unidos e Inglaterra».*
>
> *Los jabalíes presentan una **alta tasa reproductiva**, ya que las hembras se pueden reproducir a partir de los 6 meses de edad aproximadamente, cuando su peso supera los 30 kilos, dos veces al año y tienen una mediana de cuatro o cinco jabatos.*
>
> *Su longevidad, con una **vida media de 10 años**, la dieta omnívora, su gran capacidad de adaptación al medio y la*

gran disponibilidad de alimento a su alcance han ocasionado la diseminación del animal por pueblos y ciudades con los consecuentes problemas por su presencia.

Faada apoya ***el uso de repelentes olfativos****, ya que estos animales tienen el sentido tan desarrollado que detectan alimentos enterrados a grandes distancias y por ello la orina de depredadores les ahuyentaría o las hormonas de hembras les desviaría. Aunque también ha planteado el uso de repelentes gustativos en forma de croqueta cuya forma les atraería pero cuyo gusto desagradable les espantaría de la zona.*

La organización ha detectado una ***ausencia de depredadores naturales*** *como el lobo, que sería el único animal que podría tener un impacto destacado en la mortalidad de los jabalíes. La reforestación ha hecho que las zonas habitables del jabalí se hayan expandido, y unos inviernos más suaves han aumentado su supervivencia debido al cambio climático. El estudio de Faada apoya el control de las fuentes de alimentos mediante contenedores que no se puedan volcar,* ***el incremento de la recogida de basura****, la sustitución del césped por piedras o corteza y la participación ciudadana con el objetivo de recoger la basura y los alimentos de las calles,* ***para evitar atraer a los jabalíes a las zonas habitadas.***

Igual, si los cazadores se unieran en estas campañas donde no haya disparos, maltrato y mal rollo con el resto de la población, lavarían un poco sus culpas; su imagen, su figura, sería mejor vista, sería más dignificante su labor y así tal vez podríamos decir que les estamos agradecidos. Pero déjeme soñar un poco. Sabemos que esto no será así, que los cazadores no cazan por el bien de la comunidad, sino por diversión de ellos mismos, matando y maltratando, que es lo que supuestamente les satisface. En fin, perdonen por un momento, pensé que podía ser que ayudaran de otro modo.

En una ocasión tuvimos un pequeño altercado con unos cazadores, quienes, parados enfrente de casa a muchísimos menos de 150 metros que marca la ley (a solo 50 metros), y de espalda, salimos para hacerles ver que estaban infringiendo la ley y de paso llamar por enésima vez a los forestales para que vinieran a ver cómo esa gente estaba incumpliendo la ley de caza (como es su costumbre). Estos cazadores se dieron cuenta de que se estaba llamando a los forestales y comenzaron hacer gestos amenazantes, mientras cargaban a sus perros en los carritos, estos que lleva enganchados detrás de sus 4x4. Cuando se retiraban, mientras pasaban por delante de nuestra casa, se detuvieron, tocando bocinas, haciendo gesticulaciones y profiriendo insultos (mientras estaba comunicándome con los forestales parados en la acera, viendo y oyendo todo) y luego salieron a toda velocidad.

Ese mismo día (domingo, nuestro día de descanso, como cualquier persona normal) escribí a la Generalidad de Cataluña, al Departamento de Agricultura y Pesca, porque nos sentimos amenazados y quería dejar constancia de ello, y como es este organismo el que da los permisos de caza, quería que de esta manera que tomaran cartas en el asunto para que esta situación no volviera a repetirse. Lo hice vía correo electrónico para que fuera más rápido y la respuesta no se dejara esperar, y de paso hubiera una constancia del envío y la recepción.

El texto es este; no doy nombres para no comprometer a ninguna persona, ni comercio nombrado en el escrito original. En su reemplazo hay puntos suspensivos:

07/03/2016

Hola, Sra. …, buenos días.

Mira, te escribo porque ya no sabemos a quién recurrir y si nos dices a dónde hacer las reclamaciones te lo agradezco, ya que hemos agotado recursos. El tema es «cazadores». Ayer en nuestra finca, es decir, donde vivimos, se vivió una situación bastante tensa e intensa, normalmente siempre hay un poco de tirantez con esta gente, pero ayer ya como que pasaron los límites, te explico.

Cuatro o más perros de esta gente iban corriendo por la carretera, entraban en los campos y salían con el claro peligro para todo coche que pase, no solo por las personas, sino por los perros. Nuestros perros, enloquecidos ladrando (el centro es un lugar de terapias naturales y de relajación, por lo cual esto altera mucho y mis clientes en definitiva se ven amedrentados ante tantos ladridos y de relajación nada).

… salió (yo no estaba) porque los cazadores estaban a 20 metros de la puerta de casa y unos 10 metros de la finca vecina y al ver la situación sin decirle nada a ellos, llamo a los forestales, para comentar la situación. Al darse cuenta que… estaba llamando a los forestales, comenzaron a gritar e insultar mientras cargaban los perros en sus carros (uno de los cazadores a patadas literalmente con uno de sus perros, sí, porque no lo podía coger) y dieron vuelta en U en la misma calle mientras le seguían diciendo improperios y con señales amenazantes a… y a pitar (detenidos frente de casa) su coche, que la forestal que le estaba atendiendo el teléfono ha oído todo el escándalo que armaron esta gente. Esto ha sido sobre las 10.45 h, por lo que puedes corroborar preguntándole a la persona que estaba de guardia en ese momento y que labró un acta.

La agente que atendió dijo que tenían seguramente un permiso especial, cosa que no nos creemos ya que de tenerlo no hubieran huido como lo hicieron, o se hubieran arrimado a hablar del tema, dando las explicaciones de por qué están allí, pero como cobardes (como lo que son, porque con un arma en la mano cualquiera es valiente). Luego ¿sabes qué...? Los permisos los van gestionando entre ellos mismos, con fincas amigas. Yo en 15 años que vivo aquí, nunca vi un jabalí y ¿saben lo que hacen? Los bajan con los perros desde el Estanyol o de Santa Coloma del Farnes para tener faena los fines de semana por esta zona. Los vecinos que tenemos, que son: ..., ..., ..., ..., y una gente holandesa que vive a unos 500 metros de casa y los vecinos detrás de nuestra finca que son viejitos que vienen a pasar el fin de semana, NINGUNO LLAMA A CAZADORES, y lo afirmo porque todos son conocidos nuestros y no les agrada esta gente y no están amenazados sus cultivos porque no hay jabalíes en esta zona.

Luego tenemos el miedo siempre, porque jueves, sábado y domingo tenemos que estar encerrados en nuestras propias casas, para evitar encontrarnos con esta gente, que mayormente van bebidos y armados (doblemente peligrosos). Y muchas veces, los disparos han pasado por encima de los árboles de nuestro patio, cuando la ley dice que deben estar de espada a las casas.

Hemos llamado infinidad de veces a los guardias forestales, que atentamente han venido. En la mayoría de las veces son muy cordiales hablando con nosotros, pero no queremos que nos den explicaciones a nosotros, sino que vayan y hablen con los cazadores, que los controlen, que controlen a sus perros, si están chipados, si están asegurados, que van tan campantes por la carretera, que les hagan control de alcoholemia, a toda esta gente bebida, que tengan más respeto por el entorno en... [hostal rural] suelen haber colonias de niños y ancianos que vienen a descansar y no pueden. Nosotros, como la mayoría de los vecinos, trabajamos toda la semana y queremos un momento de paz. No podemos, seguramente mucha gente no entiende esto ya que viven en un piso, alejados de todo esta movida y no tiene ni idea de lo que hablo. O sea, que el momento de placer y descanso que podemos disfrutar como cualquier ser humano, que pretende de estar con sus animales (caballos o perros), hay que estar a la defensiva o escondidos como si estuviéramos en un escenario bélico. Aparte de dejar el campo lleno de balas y residuos de sus propias faenas.

¿Sabes qué opina la gente? Que los forestales les tienen miedo a los cazadores, por eso no se animan hablar con ellos. En dos oportunidades que vinieron a casa, les pedimos que lo hicieran y no lo hicieron. Me resisto a creer esa versión, ya que tiene poder de policía y pueden pedir la documentación que crean conveniente y hablar con ellos con toda tranquilidad, ¿o no? Cuando me detiene la policía de tránsito no tiene miedo de pedirme todo lo relacionado al coche, porque tiene la facultad de hacerlo.

Cuando han venido los forestales, nos han recomendado que nos llevemos bien con los cazadores, porque son mala gente y pueden hacernos daño, no a nosotros, pero pueden tomar represalias con los perros de los vecinos, a eso es donde quiero llegar y manifestar nuestro temor después de lo de esta mañana. Esta gente son mala gente, ya lo sabemos, matan animales, maltratan a sus propios perros tan impunemente ante la vista de todos que no me extraña que puedan atentar con la vida de cualquiera. Nosotros no nos metemos con ellos, pero ellos invaden nuestra casa y privacidad, los campos. Donde yo vivo, son de quien nos alquila y ella tiene una lucha desde hace tiempo para que no venga esta gente. … es una persona mayor, de más de 80 años que ha hablado con ellos y no ha conseguido nada. ¿Cómo es posible que no respeten la paz de nadie, ni la propiedad privada de ningún vecino? Que no los queremos, que no vengan, que no los llaman para nada. ¿Entiendes lo que quiero decir, empatizas con nosotros, en lo que estoy planteando?

Me conoces, poco, pero me conoces, soy y somos como la mayoría de vecinos, personas comprometidas con el medio ambiente y sobre todo, con el bienestar de los animales, por eso es que estamos preocupados por todo esto que está pasando, por esto y por mucho más es que te vuelvo a preguntar: ¿a dónde debemos dirigirnos o con quién podemos hablar? No digo cortar, porque hay mucho dinero de por medio en esto de la caza y los que están haciendo el negocio difícilmente corten esto, pero minimizar la situación, al menos de las zonas donde estamos, que reitero, no llamamos a los cazadores para que nos vengan a salvar de los jabalíes, ni de ningún bicho.

De lo que pasó esta mañana tenemos fotos de las personas que insultaron (para colmo debo comentarte que es el presidente de los cazadores de esta zona, debería haber sido más amable y respetuoso así que, si así es el jefe, ¿cómo serán los otros?) y testigos a la guardia forestal que atendió por teléfono, o que oyó todo el circo que montaron y los pitazos que pegaron en represalia de haberles visto in fraganti.

Nos sentimos muy indefensos y frustrados, entendemos que los cazadores pagan para hacer esto, pero tampoco nosotros estamos gratis en donde habitamos, en nuestro caso, pagamos un alquiler, los impuestos, etc., la gente que viene a las casas rurales, pagan sus estancias para estar en paz y tranquilidad. ¿Por qué tenemos menos derecho, siendo que es donde habitamos y ellos vienen de otros municipios? ¿Por qué la policía y etc., están más de parte de esta gente que de nosotros los vecinos, que llamamos casi cada fin de semana? (nosotros como tantos otros). Y si llamamos, es porque nos sentimos amenazados e invadidos, o ¿alguna vez llamó un cazador a los forestales, o a la policía, para decir que un vecino lo amenazó, o se sintió invadido? En verdad que ¿no?

Espero que me puedas decir algo al respecto, pero vuelvo de comentar que te aseguro que comenzamos a vivir con miedo.

Muchas gracias

Coqui Vega

La respuesta, textual como me llegó, sin retocar nada, es esta:

Girona 08/03/2016

Buenas Coqui,

Entiendo tu preocupación. Seguid insistiendo con los Agentes Rurales para que hagan de mediadores (yo no sé si hacen su trabajo o no) y en caso de que haya algún incumplimiento denunciadlo a través de ellos (bienestar animal, normativa de caza). Luego también está el SEPRONA, de la Guardia Civil, a quien suelen respetar más los cazadores como agentes de la autoridad. Antes de recurrir a ellos en todo caso intentad la vía diplomática (presentaros un grupo de vecinos afectados): podéis utilizar de mediador al Ayuntamiento (Jutge de Pau), además son ellos que podrían declarar una posible «Zona de Seguridad» donde no se pueda cazar.

Hoy en día, desgraciadamente, es difícil de conciliar los usos en el territorio tan humanizado en el que vivimos…

Saludos, …

Mi poco entendimiento me lleva a pensar que la Generalitat tiene poder para dar licencia o permisos de caza pero no tiene mucho poder para controlarlos. Es como si Sanidad me otorgara un permiso para abrir un bar y luego no pueda entrar a controlar las instalaciones, ver cómo están de limpias y si la comida está en buen estado, etc. Ya que me dice que intente que los forestales hagan de mediadores. Ya deberían haberlo hecho, he llamado no menos de siete veces en dos años. Luego dice que hable con los vecinos afectados para que entre todos busquemos un entendimiento, o sea, ¿que nosotros hagamos el trabajo por ellos? Pero si le estamos denunciando porque los perdigones pasan por los árboles de casa, porque no respetan las distancia de seguridad y encima nos provocan cuando les hablamos o les pedimos algo de cordura, porque sus perros andan sueltos por las carretera asfaltadas (no hablo de caminos rurales) con grandes posibilidades de provocar un accidente, ¿qué mediación pretende que hagamos? O que hablemos con un juez de paz. Pues no, para eso los forestales tienen el poder para hacerlo… ¿O no? Igual no. ¿Por qué sugiere que nos dirijamos a SEPRONA. No lo entiendo…

¿Cuáles son los derechos de los ciudadanos ante esta situación? Yo, como sigo sin entender muchas cuestiones, me pregunto: ¿por qué no centralizamos todo los controles en una sola institución, en este caso el SEPRONA, que aparentemente tiene más poder (como versa la carta) y abaratamos costes en funcionarios? Y por último, lo que más me llama la atención, es que dice que es un «territorio tan humanizado». ¿Quiere decir que nosotros los humanos «no» hemos invadido la zona de los jabalíes? ¿O que los jabalíes no tienen claro que no deben ir a las zonas pobladas? Mi conclusión, mejor aún, me hace meditar una cuestión. Nosotros, los que vamos a vivir a las zonas rurales, que alquilamos casas de campo, vamos de colonias a casales, ¿estamos invadiendo los territorios de exclusividad de los cazadores? Pues, lo siento, sigo sin entender muchas cosas, soy muy corto de mente y de entendimiento…

Luego, si hay instituciones gubernamentales que dicen velar por el bienestar de los animales y les estamos diciendo en reiteradas ocasiones que los cazadores maltratan a sus perros, que hacen crías ilegales, que tienen a los perros en zulos malolientes, de poca e incluso nada de higiene, que no pasean, que algunos de ellos están atados las 24 horas del día los 365 días del año y no actúan ni denunciando, ni de oficio, esto no es amor a los animales, esto es ser presuntamente (para que no se malinterprete) cómplices de maltrato.

Pero tenemos la esperanza de que pronto esta práctica cruel de cazar se acabará y podremos hacer uso y disfrute de nuestros bosques con nuestros perros y con los animales campando a sus anchas, sin pensar que el depredador acecha oculto, con un arma, como un cobarde detrás de un árbol. Que en definitiva, como decía una amiga, el cazador en sí no es el verdadero cazador, sino que es el perro que se lleva para esta práctica el cazador verdadero.

Hablando con los forestales, una vez me dijeron: «Es que los jabalíes causan muchos accidentes de coches en las carreteras». Pues claro, en los días y horas en que está permitida la caza del jabalí, porque por los disparos corren sin control, es lógico que sean atropellados por coches, como los perros de los cazadores en los mismos días y horas. Si esta práctica se acabara (la caza), los animales estarían tranquilos en el bosque y no habría accidentes, lógicamente.

En definitiva, esta gente que se dice amante de sus animales, demostrado está a lo largo y ancho que de amantes no tienen nada, no pueden ser personas sensibles con sus perros si van dando golpes y disparos por la vida silvestre. Si echamos un vistazo a las redes sociales y medios de comunicación en la época en que acaba la época de caza, veremos denuncias y difusión de los maltratos que los cazadores hacen a sus perros.

Muchos creerán que hablo con odio y con enfado refiriéndome a los cazadores. Es posible que se puede interpretar así, pero en realidad hablo desde la frustración, de no poder hacer más que descargar esta impotencia en estos escritos, frustración que tenemos todos los que amamos la vida y que queramos vivir en paz. El no saber dónde recurrir, dónde hacernos oír para que vean, tanto autoridades, instituciones y todos los entes que se dicen defensores de animales que se está haciendo denuncia de maltrato de perros, matanzas de animales (jabalíes) sin sentido, maltrato a humanos, claro, por romper la paz y el bienestar de las familias.

Entonces mi pregunta es: ¿dónde están las instituciones gubernamentales que no acuden a ver el maltrato? Hay una ley sobre el bienestar animal maravillosa, solo hay que hacerla cumplir. ¿Cuesta tanto esto? Solo pedimos hacerla cumplir. De no hacerlo, esto no es amor, esto es ser cómplice de maltrato.

Veterinarios

Dentro de las críticas (constructivas siempre) que intento hacer están las que van dirigidas a los veterinarios, que como dije al principio de este libro, saben mucho de veterinaria pero poco de perros en lo referente a conductas no deseadas. Pero claro, el negocio de ellos es que haya muchos perros y muchos gatos, para que la producción de clientes no se les acabe. Repito que no todos los veterinarios están dentro de estos comentarios míos, no, hay muchos de ellos (al menos yo conozco bastantes) que son excelentes profesionales, animalistas 100% y han realizado un voto de juramento de atención al bienestar del animal, que cumplen al pie de la letra, así que los que se sientan ofendidos por lo que puedan leer en estos escrito puede ser que su conciencia no esté muy tranquila. A los demás, que son los animalistas y ejercen su profesión con celeridad y efectividad, mis felicitaciones.

El veterinario es el médico de los animales, que es lógicamente algo que se hace por vocación y amor a los bichos, no me cabe ninguna duda. Claro que es su trabajo y el dinero es necesario, de esto depende su calidad de vida, de esto depende pagar impuestos, puestos de trabajo, prestigio y tener una buena clientela. Todo esto, no me cabe la menor duda, que cualquier trabajador es lo que busca. Pero cuando de ser veterinario se pasa a ser negociante o a comercializar con los animales, es cuando me asaltan los porqués de los que nunca me salen las respuestas. ¿Por qué se puede ser tan insensible? ¿Por qué comercializar hasta faltar a la ética? ¿Por qué hacer sufrir a un animal con tal de prolongarle la vida para seguir haciendo dinero?

Una de las cosas que más me indigna es esto último. Cuando un profesional de la salud animal sabe que el perro o gato no tiene más posibilidades de vida que lo que le quede por una enfermedad equis, ¿por qué seguir prolongando con analíticas, tratamientos costosos o pruebas que en definitiva no sirven de nada? Porque lo que sucederá, sucederá, y no hay más, y hablo con conocimiento de casos sobre estos temas. Comienzan a pedir estudios y más estudios, hasta llegar a estrujar al animal y el bolsillo del cliente, que siempre tiene la esperanza de salvar, o darle una mejor situación a su perro enfermo y hace lo que sea por juntar el dinero.

En una oportunidad tuvimos a un perro en nuestro centro canino que estaba con muchos dolores y con ciertas dificultades de caminar. Aparte de tener artrosis, algo propio de su edad, para nosotros el dolor venía producido por leishmaniosis (no somos médicos de animales, pero al tratar tantos casos durante años en forma particular con la educación canina, o en protectora y perrera, uno por experiencia ya va teniendo algo de visión del tema), ya que los síntomas parecían muy claros. Pero los responsables del perro habían comentado que la clínica que lo atendía no le había detectado la enfermedad, que le habían realizado la prueba para detectarla y no la tenía, así que le iban pidiendo pruebas y más pruebas, analíticas y más analíticas. Al cabo de un tiempo, cuando ya se habían agotado todas las pruebas que se podían hacer al perro, los responsables volvieron a insistir en que podía ser leishmaniosis y volvieron a sugerir hacer nuevamente la prueba para quedarse tranquilos, y ¡oh, sorpresa!, sí que tenía leishmania el perrito.

A mí, como soy un incrédulo, siempre me quedará el manto de duda en este tema y en muchos otros que me encuentro de situaciones similares, ya que son muchos los casos como este de los que uno se va enterando, y mucho creo en las casualidades, pero en estos casos me cuesta.

Tuvimos un caso, en esta situación fue un caballo, que padeció una torsión de estómago (muy común en los caballos, para aquellos que no saben de equinos). Cuando lo detectaron, sus responsables comenzaron una carrera desesperada para encontrar a quien operara al caballo y salvarle la vida, lógicamente. Pues bien, nadie se quería hacer cargo de la operación hasta que sobre la mesa del veterinario no estuvieran los 5000 euros que costaba. Y entre que se buscó el dinero, se hizo el pago y el traslado del animal, no llegaron a tiempo y el caballo no superó la operación. Ah, el profesional cobró. No voy a entrar en cuestiones de que esto es así porque todos lo hacen, pero simplemente hago este comentario porque ¿dónde está el voto y juramento de asistencia y bienestar, sobre todo y ante todo que hacen los veterinarios de salvar o mejorar la vida del animal, un caballo en este triste caso? Eso no es amor, es maltrato.

Claro, también conozco, por suerte, varios veterinarios de vocación, animalistas 100% que dedican alma y vida al bienestar de los animales. Pero hay una regla o una ecuación matemática que siempre es así y se manifiesta: mientras más animalista es un veterinario, menos dinero o renombre tiene, menos carteles luminosos adornan sus consultas, trabajan más en el anonimato y hacen menos promoción en los medios. Son veterinarios que colaboran casi altruistamente en protectoras (digo casi porque muchas consultas no las cobran, la mayoría diría, pero algunos materiales lógicamente se deben cobrar, como pueden ser prótesis o implantes, que realmente cuestan mucho dinero). Y yo me sigo preguntando: ¿será porque les importa más el animal que el dinero? Esto es amor, lo otro es maltrato.

He conocido a pacientes que han llegado a mi centro canino porque han tenido problemas de comportamientos con sus perros, pero comentaré en este en particular una señora que tenía dos perros (dóberman en concreto) y en la entrevista le fui haciendo las preguntas de rigor. Ella iba comentando que al principio tenía uno con una energía tan alta que no sabía cómo bajarla, y que a medida que iba creciendo el cachorro, peor lo pasaban ella y el perro, ya que no podía con las fuerzas de semejante animal. Entonces, cuando le pregunté que si ya tenía problemas de alta energía de uno, cómo es que se le ocurrió traer otro a casa, me dijo muy tranquila que había ido a su veterinario de confianza y que este le había recomendado que llevara a otro perro a casa para que jugara y que entre los dos se quemarían la energía jugando y se acabaría el problema. Pues no, señor veterinario, no es así, no por llevar a otro perro tenemos controlada la situación. Lo que hay que hacer es una terapia para bajar la energía y la ansiedad del perro, enseñarle a la persona a pasear al perro, darle pautas para saber cómo llevarlo. Si usted, señor veterinario, está capacitado para enseñar a bajar la energía de un perro, enhorabuena; si no, derive el caso a un educador canino.

Pero lo que sucedió está clarísimo: ese veterinario vio la posibilidad inequívoca de que esa señora era tan fiel cliente que, en lugar de tener un paciente, tendría dos. Sin pensar lo mal que lo pasaba la señora ya con un perro, va y le recomienda tener otro. Esto no se hace, esto es de una ética profesional muy deplorable, que deja muchísimo que desear, porque estamos trabajando para mejorar los problemas de la gente y de sus animales, no para captar clientes.

También debo mencionar la deplorable práctica de mutilar las orejas o la cola de los perros de acuerdo a algunas razas. Sé que es una práctica prohibida, pero solo hay que ir al parque para perros o andar por la calle y ver la cantidad de perros que van son con sus vendajes de operaciones recién realizadas. Esto indudablemente lo hace un veterinario (en la clandestinidad, por supuesto), pero como el dinero es lo primero y el perro pasa a segundo plano, volvemos a lo mismo. Las autoridades deberían actuar de oficio (ya que se entiende que actúan en beneficio de los animales) y cuando hay un caso como este, sancionar al responsable del perro, y si este dijera que veterinario lo mutiló, también actuar sobre este profesional. Creo que es así de simple.

Aparte de que es una crueldad someter al perro a este trance, se le produce un doble daño del que nadie habla. Primero, por algo tiene las orejas de la forma que tienen, no son así porque sí, de modo que si se le recortan se le quita al perro una parte de su lenguaje canino o de comunicación, tanto de señales de calma como de comunicación física con otros perros, y en algunos perros puede convertirse en un problema grave de socialización con otros perros. Luego, el corte de la cola, si se le deja muy corta, además de que es una herramienta de equilibro y estabilidad a la hora de correr y también de comunicación con otros canes, puede tocar parte de la médula espinal (se entiende que el coxis está formado por cuatro vertebras, que si por error se corta en algunas de ellas, provocará en el perro trastornos de trasmisiones nerviosas en todo el sistema sacro craneal, con los derivados problemas de salud). He tenido la oportunidad de ver a un bóxer con la cola mutilada casi a la altura del sacro, un maltrato en toda regla.

Otra de las cuestiones que siempre crea un haz de duda es: ¿por qué muchos veterinarios recomiendan a sus pacientes que su perra tenga una camada antes de esterilizarla? Yo entiendo que simplemente lo hacen porque quieren asegurarse la continuidad de los perros en el mercado, para que ellos tengan más trabajo, ya que no hay nada de cierto en que los perros deban tener una camada antes de ser castrados o esterilizados.

Una vez llevé a mi espacio de radio en Girona FM a una prestigiosa veterinaria para que explicara claramente este tema de la esterilización o castración y hablara sobre si es verdad que hay que tener una camada antes esterilizar. Indudablemente, la invité a hablar de este tema para desenmascarar y decir la verdad sobre lo que se promulga al respecto en los ámbitos veterinarios: una leyenda urbana. La profesional (muy animalista, sobre todo) habló claramente y sin tapujos sobre los beneficios, eso sí, de esterilizar a hembras y castrar a machos, tanto físicos, como psíquicos. Eso sí, dijo que en la hembras es mejor esperar que tenga el primer celo para que la maduración sexual sea completa; una vez esto, ningún problema puede tener el perro de ser esterilizado.

Puedo hablar de los beneficios, de los que por suerte tenemos mucha información en medios como internet, por ejemplo. Hay mucha bibliografía al respecto y es conveniente consultarla para no tener sorpresas.

¿Cuáles son los beneficios de esterilizar?

Para el animal. Porque disfrutará de una mejor salud física y psicológica. Evitarás que se escape o esté intentándolo hacer a cada momento, o que esté ansioso y nervioso en casa. Es sabido que los perros que no están esterilizados padecen con más frecuencia estrés y ansiedad. Nosotros no detectemos las épocas de celo de las perras, que son con más frecuencia en la época de invierno y otra en verano, aunque hay casi todos los meses del año perras altas; aunque en las épocas de verano e invierno es cuando más. Los perros, por su fino olfato, pueden oler la feromona de una perra en celo (la sustancia que atrae a los machos). Esta situación desencadena en los machos problemas de conducta, ansiedad, estrés y posibles peleas con otros machos.

Estando esterilizados, minimizamos todos estos conflictos. El perro se vuelve más dócil, más tranquilo y menos escapista. El escaparse un perro puede conllevar una pérdida del animal, un atropello (que puede matarlo) o puede ocasionar un accidente, cualquiera que sea, y tener problemas legales el responsable del perro.

Y a nivel psíquico y físico del perro...

Hembras: la esterilización ayuda a prevenir las infecciones uterinas y los cánceres de mama y de matriz (quistes y tumores ováricos y mamarios). Elimina el celo y desaparecen los embarazos psicológicos. Y te darás la tranquilidad de que ella esté bien física y psíquicamente, al no estar padeciendo enfermedades productos de la no castración. Comprobado está que las perras sufren embarazos psicológicos que le afectan tanto emocional, como físicamente. Emocionalmente se puede solucionar una vez que pasa el celo y hasta el próximo, pues no habrá secuela. Pero la parte física sí que es un problema, porque con embarazos psicológicos puede ocasionar que la perra genere por ejemplo leche, que al no ser extraída por no quedar preñada y al no tener los cachorros, le produzca enfermedad en los conductos mamarios, le aparezcan bultos de tumores en las mamas, se le generen tumores en la matriz, etc. Lamentablemente, si no tenemos la precaución de llevar periódicamente a la perra al veterinario para hacerle los estudios, estos quistes o tumores suelen detectarse cuando ya están muy avanzados. Y en definitiva, suele ser más caro operar a una perra de estas enfermedades (y aun así no contar con mucho tiempo de vida) que esterilizarla en su momento.

Machos: esterilizarlos previene el cáncer testicular (quistes, brucelosis, tumores testiculares, prostáticos y anales). Evitas que marque en todos los sitios y las peleas por dominar a la hembra.

Para nosotros. Porque de esta manera se evitarán las camadas no deseadas y disminuirá el abandono. Muchas son las ocasiones en que los abandonos se dan porque la gente no sabe qué hacer con tantos cachorros en casa y es muy difícil colocarlos a todos en familias. Esto genera una inquietud en los responsables de la perra, lo que lleva, en los mejores de los casos, a abandonar a los perritos; en otros casos imagínense qué sucede con los cachorros. Con la esterilización tendremos a un perro más casero, más obediente y más sociable con otros perros a la hora de estar en el parque o en un pipican.

Para las entidades protectoras. Porque habrá menos perros en protectoras y ayudará a descongestionar las ya abarrotadas entidades, y los perros que estén allí estarán con mejores atenciones que cuando están hacinados.

Para la sociedad. Porque los animales abandonados tienen un coste de los ayuntamientos y de las entidades de recogidas que repercuten en los impuestos que pagamos.

Entonces, terminando con este tema, los veterinarios saben de animales, para eso han estudiado, pero poco saben de comportamiento canino, a pesar que dentro de la carrera estudian etología. Pero no suficiente como para tener conocimientos de los comportamientos de los perros, ya que la etología es la ciencia que estudia el comportamiento animal (y humano también, pero en el caso de los animales en su estado natural, es decir, en libertad). Lo que tenemos en casa no es un animal en libertad, y si bien sus instintos son los mismos por naturaleza, el comportamiento (sea bueno o sea malo) viene aparejado por las vivencias que tienen con sus responsables. Así que muy mal está por ejemplo el caso de este veterinario al recomendar a su cliente que incorpore a otro perro para que queme la energía, ya que antes de decir una cosa de estas, o dar una solución de este tipo (o de cualquier tipo) es conveniente conocer, interiorizarse y discernir qué será lo mejor para el perro y para la persona. Pero nunca decir a bote pronto, para tener un paciente más, que meta a otro perro en casa. No, porque esta pobre mujer se encontró con dos grandes perros y proporcionalmente con dos grandes problemas. Y que deban tener una camada antes de esterilizar tampoco es bueno recomendarlo, porque, aunque los veterinarios se llenen de clientes, llenamos de problemas a la gente. Esto de llenar a la gente de perros porque lo recomiendan, aparte de no ser ético, no es amor, es maltrato.

Pero para terminar el apartado de veterinarios, quiero comentar una vivencia (una de tantas que tiene este profesional, de quien no daré el nombre porque por su humildad, altruismo y dedicación no me permitiría que lo mencionara). Resulta que una vez llegó a su consulta un cazador de estos, con un perro de caza lógicamente con un gran problema, defecto digamos, en una de las patas traseras, por lo que él venía a dormir al perro, porque no le servía para su cometido, o su andanzas. Este veterinario, muy animalista, le dijo: «Quiero que dejes el perro y te marches inmediatamente». Una vez que salió el cazador llamó a una protectora con la que trabaja y le comentó: «Mira, me han dejado un perro, muy joven, todavía no tiene el año, tiene un problema en la pata trasera, pero con prótesis podemos recuperarlo. Yo haré el trabajo gratis. Lo único que quiero es tener el dinero para comprar la prótesis». Inmediatamente, esta protectora dijo: «Sí, claro». El perro se quedó. Voluntarios, socios, colaboradores movieron la maquinaria necesaria y en una semana el dinero ya estaba, el perro fue operado con éxito y ya está viviendo una vida normal en Alemania.

Valga este acto de profesional comprometido con su trabajo, en beneficio de los animales, para homenajear a todos los veterinarios que conocemos (y los que no) que trabajan altruistamente y aplican el juramento que hicieron para salvar vidas. Enhorabuena para ellos. Y mi admiración más profunda. Eso es amar a los animales.

Tiendas de venta de animales

Las tiendas de animales también tienen sus puntos de no empatizar con los clientes ni con los animales. En ellas encontramos un sinfín de elementos innecesarios para el perro o para cualquier animal que, mal llamado «mascota», tenga en sus casas la gente. Pero el comercio es el comercio y el dinero es el dinero, no hay más. Por esto es que dedico un punto a este sector.

En las tiendas de animales encontramos de los más variados elementos útiles para los perros, gatos, hurones, etc. Camas, collares, pipetas, alimentos, etc. Pero hay elementos de lo más inútiles y que deberían estar prohibidos, que ya de hecho las tiendas de animales, si realmente son animalistas, deberían ellos mismos no venderlos, o al menos no recomendarlos. Por ejemplo, collares de pulsaciones para educación (muy usados por cazadores y algunos educadores de la vieja usanza), collares Halti, o los *easy leader*. Estos tipos de collares son para que el perro no tire, lo que hacen es que un sistema mecánico de correas bloquea al perro, ya sea del hocico del perro, dando un tirón (se mueve la cabeza hacia un costado) o bloquear el omoplato del perro, trabando una pata para que no pueda avanzar. Estos elementos, usados con perros corpulentos y de mucho peso o fuerza, si hacen un tirón muy violento, o de uso prolongado, pueden causar serios problemas en las cervicales o de articulaciones en el cuarto posterior de los canes.

Hay dos cosas que me molestan de esto. Una, que el responsable del perro tenga que recurrir a un sistema mecánico para controlar a un perro, y la otra, que las tiendas de animales se presten a vender esto como la solución y que haya fabricantes que se llenen la boca diciendo que son animalistas mientras lanzan al mercado esto como la solución a costa de romper al perro.

El perro, si tira, es porque tiene un problema seguramente de estrés y sería mejor y más aconsejable ver este problema con un profesional antes de usar un artilugio de este calibre, que tarde o temprano romperá al perro. Entonces, la pregunta obligada mía es: ¿usas ese sistema porque a ti te hace daño que el perro tire, es decir, te duele el brazo, la mano y te cansas de ir corrigiendo? Pues sí, esa es la respuesta que siempre se da. Pero como es la solución más cómoda, económica y rápida, vamos a usar este sistema, sin pensar en el perro. Es el egoísmo del que venimos hablando desde hace rato, el pensar en cómo el responsable se siente mejor y más cómodo en lugar que pensar qué hacer para que el perro se sienta más tranquilo y relajado y deje tirar. En este caso ganarían los dos, el perro y la persona. El perro dejaría de estar con estrés y la persona dejaría de tener dolor de brazo y el paseo sería mucho más placentero. Con estos elementos de correas correctivas de bloqueo solo se beneficia el paseante, mientras que a la larga el perro padecerá de problemas físicos. «Ah, pero eso qué importa, al menos a mí no me tira», es lo que a menudo responde la gente. Egoísmo y solución arbitraria, y tiendas de animales cómplices.

Cuento una anécdota. En una oportunidad, a una paciente de la provincia de Girona le pedí que comprara una correa tipo de educación que son las que se ajustan al cuello con una anilla y tiene un largo de un metro y medio. Bien, esta chica recorrió varias tiendas de accesorios para perros, buscando esta cuerda que le recomendé. Las respuestas de las tiendas eran del estilo: «Pero esa cuerda no da buenos resultados, mejor lleva el Halti o el *easy leader*, que es mejor». No, lo que pasa es que la correa que yo recomiendo, aparte de ser más efectiva, cuesta menos de 10 euros, y los otros sistemas casi pasan los 20 euros. Aparte de hacer comercio estas tiendas, recomiendan un collar que es adverso para el perro, ya que puede causar lesiones muy graves.

Luego en las tiendas de animales tienen a la venta collares de pulsaciones o mal llamados «de educación», que no son de educación, son condicionantes y no sirven para educar, sino para condicionar al perro ante una conducta no deseada, con un estímulo negativo, para que no haga más lo que tiene por hábito o conducta no deseada. Este aparato, aplicado por un profesional, puede ser efectivo, pero nunca debe ser usado por una persona sin conocimientos de perros ni conocer el producto, que lo compra y lo usa sin más, sin saber qué mal o bien le puede causar al perro.

Esto que voy a contar se vivió en una tienda para animales en Tarragona. Entró un señor y preguntó si le había llegado el collar de pulsaciones que pidió. La dependienta le dijo que sí, claro, y le explicó cómo funcionaba mientras la chica se puso hablar con otra clienta. En un momento dado, el señor le colocó el collar al perro, que miraba con cara de no entender nada, le ajustó a su medida, se incorporó, tomó el mando a distancia y le dio tres descargas al perro, que saltaba del susto cada vez que le daba la pulsaciones. El señor dijo: «Sí, funciona, me lo llevo». ¿Alguien puede entender que ese señor tenga un mínimo de amor a su perro y que la dependienta no le dijera que por favor antes de usar el collar de pulsaciones consultara a un profesional? Pues no, el dinero y la venta rápida prima en las tiendas de animales, no hay más.

Una vez me dijo una señora: «A mi hijo le gustan tanto los animales que ha montado una tienda para animales». Espero que no solo le gusten, sino que los ame, para que no venda todas estas porquerías —pensé yo— y desnaturalice y/o ridiculice al perro con esos accesorios superfluos». Las tiendas de animales venden collares de engarce para perras, gafas (¿dónde se ha visto en la naturaleza a un perro con gafas para el sol?), perfumes (¿?), ropa con diseños exclusivos para tal, etc. Un sinfín de elementos que hacen esto literalmente maltratar al perro, no amarlo.

Está claro que si se venden estos elementos es porque hay un mercado que lo demanda. Como hemos hablado anteriormente, es la falencia social que tiene hoy en día el ser humano de no tener contacto con sus congéneres y ese individualismo en el que se va encaminando nuestra especie a causa de la tecnología (es una mentira lo de que estemos conectados, porque en realidad estamos más aislados). Entonces sí, se encamina a cada vez estar más solo, pero instintivamente y debido a que los seres humanos siempre necesitamos vivir en manada, como animales gregarios que somos, y al no tener la comprensión de nuestra especie, buscamos paliativos en los animales de compañía, como son los perros o los gatos. Por eso se les compra ropa, gafas o elementos que los perros no necesitan en absoluto. Pero este acto hace que su responsable se sienta bien porque está cuidando o gastando su dinero y su tiempo en un animal, y que, por cierto, está cargando una pesada mochila emocional de una carencia de una persona que le falta: el amor de un hijo, hermano o cónyuge. La verdad, así no se le hace ningún favor a ese perro o gato.

Pero si las tiendas de animales que se dicen amantes de los mismos tuvieran un poco de criterio y aplicaran su filosofía que muchas veces predican en los anuncios publicitarios («velamos por el bienestar de los animales») y a la hora de ofrecer sus productos, deberían pronunciarse en contra de elementos antinaturales como los que hemos mencionado y aconsejar a la gente qué es lo mejor para que un animal de compañía viva una vida más digna.

Y la gota que colma el vaso es la venta de animales vivos, perros, gatos, víboras, ratas, hámster, iguanas, tortugas, etc. Cebos vivos. Una vez entré en una tienda y vi grillos vivos, y le pregunté al dependiente: «¿Grillos? ¿Quién compra grillos?». Me contestó: «Bueno, son para alimentar a los camaleones o iguanas, ellos comen grillos». «¿Y ratas?», pregunté yo nuevamente, al ver una pecera llena de roedores. «Para alimentar a las víboras, reptiles, etc.». Pues a ver, ¿quién puede decirme que teniendo estos animales de mascota puedan decirse amante de los animales? Si amas a los animales y quieres admirarlos, déjalos libres y disfruta de sus colores, cantos y belleza en todo su esplendor y felicidad, estando ellos en libertad. Una vez leí una frase muy bella que decía: «Si te gustan los pájaros, planta árboles, no compres jaulas».

Y claro, volviendo al tema perro, que es de lo que me toca hablar, muchas de estas tiendas se dedican a la venta de cachorros, perros que si ya es indigno vender seres vivos, más indignante es la procedencia. Ya he dicho que la venta legal o ilegal de animales debería estar prohibida, pero más aún la venta de perros que vienen de países del Este. Muchas de las personas que compran estos perritos no conocen cómo es el movimiento de estos animalitos, pero daré una pantallazo para que se den una idea, digo los compradores o futuros compradores, porque las tiendas de animales sí que saben perfectamente cómo funciona este mercado, que ellos mismos potencian y promueven.

Ese cachorrito tan mono, tan blanquito y tan bello, que está en los anuncios o en los escaparates de muchas tiendas de animales, puesto en un recinto de cristal con luces a tope (para que se vea mejor), con gente que va y le golpea el cristal una y otra vez, para activar al perro, causándole estrés y ansiedad a tan tempranísima edad, ha llegado allí después de un duro proceso desde su país de origen. Fue sacado del cobijo de su madre y la compañía de sus hermanos al mes de nacer. Ya la situación psicológica, que es una carga, es muy fuerte (también para la madre, que se ha quedado sin sus cachorros, aun cuando estaba en pleno proceso de amamantarlos). El cachorro se queda solo en su momento más importante, que es toda la enseñanza que tendría que tener hasta los 4 meses, la «escuela primaria», la impronta, la educación y socialización natural y directa que le darían su madre y hermanos para no tener problemas de relacionarse con otros perros en el futuro, aprendiendo modales, lenguaje canino, a saber jugar, a controlar mordiscos, etc.

Pero sabiendo que todo esto es malo para el cachorro, ¿por qué se actúa de esta manera? Pues hecha ley, hecha la trampa. Es muy simple, las bandas que se dedican a traer perros a España saben perfectamente que si hay un control en las fronteras podrán pasar sin problema porque la ley dice que un perro no está obligado a ser vacunado hasta las 6 semanas de vida, es decir, un mes y medio, en este caso en un control sanitario pasan sin problemas y sin exigirle nada de documentación. Mi pregunta es (sigo con mis interrogantes): ¿no debería existir una ley que no permita entrar a perros de menos de 4 meses de edad, para evitar muchas cosas, como los trastornos psíquicos y físicos de los que hablamos? Aunque ya debería existir una ley que no permitiera entrar a perros de ninguna edad para evitar todo tipo de situaciones extremas para ellos, y de paso no saturar más el ya colmado *mercado* de perros, como está actualmente en España.

Entonces, ¿qué le sucede? Ese perro entra con menos de 6 semanas una vez que es separado de su madre. Llegan en cajones, como si tratara de paquetes, son perros que han sido criados en factorías de cachorros, como digo yo, donde sus madres están sometidas todo el año solo a tener cachorros, enjauladas toda sus vidas productivas, mal cuidadas y maltratadas. Y una vez que no les son productivas como madres, vayan a ustedes a imaginar qué les sucede a estas perritas.

El cachorro, como comentaba, viene en furgones, hacinado y mal transportado. Quiero decir, en condiciones que no son las adecuadas fitosanitariamente hablando y de comodidad, lo que causa un estrés enorme al perro, por lo que le quedará marcada y grabada esta mala experiencia para toda su vida.

Al no haber control sanitario (por su corta edad no lo exigen al entrar en España) y como no sabemos cuáles son las factorías o fábricas de cachorros, se pueden determinar las condiciones sanitarias que tienen al nacer, por eso las enfermedades que traen estos cachorros son muy numerosas y el índice de mortalidad es también alarmante. Pero las tiendas de animales de esto hacen la vista gorda, lo saben perfectamente y callan, y no se preocupan porque digamos que ellos compran no por unidad de cachorro, sino por kilo, como si fuera a granel, y si en el camino van muriendo cachorros, da exactamente igual, siempre el negocio es negocio para ellos y punto.

Luego si alguien compra a un perro en estas tiendas que se dedican a vender cachorros y reclaman por algún motivo, les dicen muy tranquilamente: «Tráelo y te lo cambiamos por otro». Patético, una vida vale lo que una camisa para estas tiendas que dicen amar a los animales.

Pero, ¡oh, sorpresa!, en una oportunidad tuve la ocasión de hablar con alguien que hizo una denuncia de una furgoneta que estaba descargando una caja con cachorros en una tienda de animales en la ciudad de Girona y la respuesta de las autoridades fue que las tiendas de este tipo estaban autorizadas a traer una cierta cantidad de cachorros libremente y sin problema. ¿Sin control sanitario?, ¿sin pagar impuestos?, ¿sin verificar la procedencia? Otra batería de preguntas sin respuestas.

Más cuestiones que me planteo: si es legal y tienen autorización para traer cierta cantidad de perritos, ¿por qué las furgonetas están sin rotular con los carteles que pide la ley, como habilitada para transporte de animales vivos? ¿Por qué siempre eligen descargar las cajas con los cachorros en horas muy tempranas de la mañana o por la noche? ¿Por qué siempre estacionan a la vuelta de la esquina y no enfrente del negocio en donde tienen que dejar las cajas? Si están autorizados y están dentro de la ley, ¿por qué actuar con tanto sigilo? Igual no están tan autorizados.

Un mensaje a las autoridades que se encargan de controlar estos casos: no es trabajo de los ciudadanos estar pendiente de este tráfico y maltrato de animales, es cuestión de ustedes, para eso se les paga. Luego no creen que se esté invirtiendo mucho dinero en perreras y protectoras por parte de todos para que sigamos inyectando perros que vienen de situaciones irregulares a nuestro país. ¿A cuenta de qué? ¿Qué intereses hay de por medio? ¿A quién le interesa que haya más y más perros abandonados y maltratados? ¿Y las tiendas de venta de animales qué hacen para controlar a estos perros que vienen en estas condiciones? No interesa el cachorro, ni quien lo compra, solo les interesa el dinero, digo... Todo esto no es amor a los animales, es maltrato y es vergonzoso.

Es tal el descontrol y la avaricia por vender por parte de estas tiendas y hacer dinero que conozco el caso de una familia que compró una cachorra y se la enviaron, le pusieron nombre femenino, lógicamente, y al cabo de unos días se dieron cuenta que no era hembra sino macho. Pero adónde iban a ir a reclamar, si ya se habían encariñado con ella (en realidad, con él). Esta y muchas más situaciones se producen y no hay control por parte de nadie y nadie se hace cargo. Una vergüenza.

Señores de tiendas de animales, esto no es amor, es maltrato lisa y llanamente. Maltrato al animalito, que inocentemente se ve envuelto en un comercio, y maltrato al cliente, que paga por un cachorro

He de decir, como he mencionado antes, que no todas las tiendas de animales actúan de esta manera y venden animales. Es más, conocemos una tienda y veterinaria muy conocida en Girona que tiene un apartado que se dedica a rescatar perros abandonados, curarlos, alimentarlos, dejarlos lindos y ponerlos en adopción para quien lo quiera. Todo esto sin cobrar nada, totalmente altruista. Mis felicitaciones para esta tienda. Esto es AMOR, no maltrato.

Los criaderos

Los criaderos son fábricas (también denominémoslas así) en serie de cachorros. Muchos de estos comercios se dicen amantes de una raza, o dicen que lo hacen para preservar una raza en particular, pero es mentira, es una factoría, un comercio y no le den más vueltas ni lo adornen de ninguna otra forma. Ya no caemos más en su falsa sensibilidad con los perros. Pero bueno, en definitiva están autorizados y démoslo por buenos, pero…

Todo tipo de reproducción para su comercialización de animales, sea la que sea (y hablamos también de perros), y sea legal o ilegal, tiene su toque de maltrato. El vil metal del dinero hace que no se tenga mucha contemplación en la producción y reproducción de cachorros. Es lo que prima e importa: el dinero. Las perras son literalmente violadas una y otra vez en contra de su voluntad, para que queden preñadas para vender pronto los cachorros y hacer dinero.

¿Alguna vez han tenido la oportunidad de ver cómo actúan estos criaderos? Les cuento. Las perras en celo son receptivas del macho en todo su altivez uno o dos días; el resto del tiempo lo que hace es rechazar al perro todo el tiempo, pero como al criador le interesa que esa perra sea montada, en contra de su voluntad es atada en un caballete y se le pone un macho que sí o sí la agarrará porque la perra no puede defenderse ni rechazarlo, es decir, es violada (pueden verlo en YouTube, ya que son tan inescrupulosos que cuelgan estos vídeos para que todos los vean como si fuera un arte). Bien, a todo esto a las perras se les ponen bozales para que no muerdan, porque es lógico, son violadas y quieren defenderse.

Hay un gran comercio y una gran cantidad de criaderos clandestinos y grandes cantidades de particulares se dedican a esto (criar ilegalmente) para ganar dinero fácil, sin esfuerzo y sometiendo a sus perros para lucrarse. Esto es maltrato, señores, nadie que ame a sus perros los someterá a esto, explotar y comercializar con sus animales.

La forma de publicar esta práctica es por internet, en las páginas o portales de ventas de bienes inmuebles. Ya me parece bien que se publique esto (digo los muebles e inmuebles), pero los seres vivos no se deben vender y comprar como elementos, ya que no somos dueños de la vida de nadie para disponer, explotar y comercializar, como se hacía en las épocas de los esclavos. Eso es de lo más bajo éticamente que puede haber como especie que habita en este planeta.

Hace un tiempo hice una petición en Change.org para que se prohibieran los anuncios de venta de animales en los portales donde se publican. Al principio, durante las primeras horas de hacer la difusión, las firmas salían como champiñones, pero con el correr de los días iban decayendo poco a poco y en un mes ya era como pedir por favor que firmaran. ¿Qué había pasado? Pues muy claro, al comienzo de la petición, las primeras firmas eran de los que realmente son animalistas, que están por el «no a la comercialización de vidas». Con el paso de los días, alguno que otro ya iba firmando como por compromiso. Al cabo de dos meses solo habíamos conseguido apenas 40 000 firmas. Change.org al principio también se interesó cuando vio cómo se movía de rápido, me llamaron en varias oportunidades y hasta prometieron hacer notas en medios periodísticos y todo. El asunto marchaba sobre ruedas, pero cuando ellos se dieron cuenta con los días que pasaban de que tampoco prosperaba la petición y las firmas se iban apagando, dejaron de llamar y ni siquiera respondían mis mensajes. Pues claro, se estaban dando cuenta de que era una causa que a ellos no les daba publicidad. No era un pedido que movía millones de firmas y no tendría mayor trascendencia, por lo que para ellos no era relevante y no les interesó más. Así quedó, no avanzó más y quedó archivado. Si la petición hubiera sido para que Belén o Kiko volvieran a la televisión, habría millones de firmas y Change.org se hubiera seguido interesando, porque eso sí le da cartel y publicidad. Los animales, poco.

Pues las conclusiones son muy claras, los animalistas firmaron porque están en contra de todo tipo de maltrato animal; el resto y la mayoría, en algún momento pueden hacer o han hecho uso de estos portales para comprar o vender a un animal y se arriesgan a que las autoridades les suspendan sus publicaciones, o igual más adelante también pueden vender. Ojo, es mi opinión, pero es que a estas altura de mi vida y con lo que he visto ya no me creo nada de nada. Y estas personas no son animalistas como se autodenominan, mejor denominarlos «especistas» (**«especismo»** es un término acuñado en 1970 por el psicólogo Richard D. Ryder, que lo definió como «una discriminación moral basada en la diferencia de especie animal).

Veamos, los que publican en estas páginas no están habilitados para vender animales, no tienen núcleo zoológico, no tienen control sanitario de ninguna clase, no tienen garantía de lo que ofrecen, venden animales enfermos, cruzas de hermanos con hermanos, con problemas genéticos y otras cosas muy importantes de las que deberían tomar nota los señores de Hacienda. Es un comercio ilegal, que no tiene control de comercialización y no hay pagos de impuestos.

Un ciudadano común, como cualquiera de nosotros, se da cuenta de estas cosas y situaciones. Las autoridades del Gobierno, que tienen todas las herramientas para hacer el seguimiento, no actúan. Otra vez me hago preguntas: ¿por qué?, ¿hay interés de que esto siga funcionando y de que siga el grifo abierto para que haya más y más perros en el mercado? ¿Quiénes están detrás de esto, las compañías de alimentos para perros, las tiendas de accesorios para perros, veterinarios, o quiénes? No es comprensible nada de lo que sucede con esta actitud de parte de los que tienen el poder para cortar con todas estas prácticas ilegales.

Además, no hay control por parte de la policía, o de quien le corresponda actuar. Se entra en el portal, se llama a la persona que lo ofrece, se citan para hacer la compra y en el momento de hacerlo se presentan como policía, o lo que fuera y se acabó, se incautan los perros, se multa al ciudadano y ya está. ¿Es tan complicado esto? Es simple, sencillo y rápido y en poco tiempo se va controlando la venta ilegal, pero ¿por qué no se actúa? ¿Por qué cada pedido de esta índole requiere cientos, miles o millones de firmas para actuar? Soy un convencido de que cuando hay un maltrato de una vida, con una sola firma ya bastaría para actuar, no haría falta hacer una movida por redes sociales, medios de comunicación y ni aun así suelen proceder.

En una oportunidad hablé con un agente del SEPRONA en una feria animalista en Vilanova i la Geltrú (Barcelona) y, preguntándole cómo hacer las denuncias sobre maltrato y comercialización de animales, por lo que me dio a entender, tenemos que llevarles los ciudadanos tantas pruebas y documentación que un poco más y hay que llevar al infractor esposado y con las pruebas del delito y dejarlo en la puerta de sus dependencias para que ellos actúen. Pues me niego a entender tanta burocracia, antes están las evidencias manifiestas del maltratador o infractor.

Cuando se supone (no hace falta que lo haya) un maltrato de un humano, se actúa aún sin denuncia ni nada (quiero aclarar que estoy absolutamente en contra del maltrato de género, solo es un ejemplo para que se entienda mejor) en forma inmediata y efectiva. Pera cuando se trata de un animal, hay que ir suplicando puerta por puerta, juntando firmas, haciendo manifestaciones, etc., y aun así muchas veces no se actúa. La vida de un animal no es digna para algunos, parece ser.

Señores que tienen el control de estas formas de ofrecer y vender, si no actúan, son cómplices de un comercio ilegal. Porque si todo el mundo lo sabe y lo ve porque internet está abierto para todos, no solo para el ciudadano común, y ustedes tienen acceso como cualquiera, no deberían esperar las denuncias, tendrían que actuar de oficio y aplicar la preciosa ley de protección animal que existe. Porque si no, nos hacen pensar que los que están para proteger los animales pasan de ellos, y esto, créame, no es amor, es maltrato.

Debo decir que en alguna ocasión se ha denunciado una venta de animales y nos han tomado la denuncia, pero resultó ser una red muy fuerte de comercio ilegal de animales, con una infraestructura muy fuerte y un sistema de venta que hacía muy difícil atraparlos. Pero me reservo explicar cómo funcionan para no dar ideas, pero bueno, en general la venta de perros en forma particular es de personas particulares, algo que sí se puede controlar por parte de policías y agentes de Gobierno, así que, por favor, pónganse a trabajar, que para eso pagamos nuestros impuestos.

Indudablemente, hay mucha hipocresía detrás del tema animal. Mientras se está pidiendo a gritos por las redes sociales que se acabe con la matanza de perros en China, nuestro país va a la cabeza de abandono y maltrato animal. Más de 120 000 perros son abandonados en España cada año, según un estudio realizado por la Fundación Affinity, que es una institución de prestigio y con gran responsabilidad en el tema.

En una ocasión vi un pedido de una señora que pedía firmas mediante Change.org para que el Gobierno hiciera una investigación sobre los perros que viajaban a Alemania cada mes. Perros que han sido adoptados en ese país, que fueron sacados de perreras y protectoras de España, perros que van en condiciones dignas para viajar, en furgonetas apropiadas, que van con gente responsable, que realizan el viaje con toda la documentación en regla y vacunas al día. ¿Por qué en esta ocasión sí intervienen las autoridades, controlando con pelos y señales a cada perro y/o gato que sale del país, pero no controlan a los que entran? Increíble pero cierto. Y esta persona que pedía que se averiguara el tema de los perros que parten a Alemania (que van los pobres como si fueran refugiados o marginados que en su propio país no son aceptados o cuidados, y van en búsqueda de un hogar digno para tener una vida mejor; viajan como si fueran exiliados, triste pero cierto), esta misma persona, repito, ¿no hace una petición mediante estos portales de firmas, para que el Gobierno pare el tráfico de cachorros que vienen de los países del Este, o al menos que se hagan controles más excautivos de su procedencia y de su condiciones físicas? En conclusión, algunos son más animalistas para unas cosas y menos para otras. ¿No debería ser el 100 % para todos los casos?

En lo personal, me causa mucha alegría cada vez que de la protectora en la que colaboro salen vehículos con perros y gatos a sus hogares definitivos en países como Alemania, por ejemplo. Allí estarán bien atendidos en todos los sentidos, se sentirán protegidos, queridos y respetados. Pero a la vez me causa mucho dolor y vergüenza que esos animales no puedan ser cuidados, queridos y respetados como se merecen en nuestro propio país. Es una vergüenza ajena que me invade y me da mucha rabia. ¿Cómo es posible que el humano llegue a sentir tanto desprecio y descuido hacia otras especie que conviven en nuestro planeta?

Y la culpa de todo, no solo del que abandono sino de todo lo que pasa, hay que repartirla en todos los ámbitos. Desde los criadores legales y los ilegales, las fábricas y distribuidoras de alimentos y accesorios para perros, los compradores irresponsables que compran gangas por internet o regalan sin control para la fiesta de fin de año, etc. La culpa también es del sistema de control, que no hace su trabajo y permite la difusión, compra y venta, es permisivo con el tráfico de animales, sin mover un dedo para detener este atropello a uno de los sectores más castigados a nivel animal como es el de los perros y gatos.

Otra cosa que critico de los criaderos es que solo venden, pero tendrían que tener algo más de criterio y dar un poco de asesoramiento cuando entregan a un cachorro. No todos los compradores saben de perros y sería muy bueno y digno darles nociones de cómo tener, cuidar y tratar a un perro, para que no se convierta en un abandono más. Las protectoras, como decíamos antes, están llenas, mientras los criaderos van metiendo y metiendo perros en los mercados sin control y sin saber quién compra y que harán con ellos. Por favor, sería bueno que entre todos mejoráramos la vida de los perros, comprados o no.

Los criaderos deberían tener como norma (alguno creo o quiero creer que lo hace, pero no voy a poner la mano al fuego por ninguno) entregar a los perros con 4 meses de edad, para que tengan la socialización que requieren por naturaleza y se críen como debe ser. Sé que es un gasto extra y una incomodidad tener tanto tiempo a los cachorros, pero entendiendo su filosofía de «preservación de la raza», no creo que les importe. ¿O sí?... Si esto no se hace, eso no es amor, es maltrato.

Educadores y adiestradores caninos

Este sector que me toca porque pertenezco al gremio, también tiene una parte de culpa de muchas de las situaciones que suceden con los perros y su mal manejo. Como en todos los sectores, hay buenos y malos educadores o entrenadores, lo que pasa es que muchas veces no se puede saber hasta que no se comienza a trabajar con ellos y el perro.

Hace tiempo, la educación canina o el conductista canino se basaban en el castigo, es decir, si el perro hacía algo mal, se le daba golpes hasta que dejaba de hacerlo. Esto se hizo (aún se hace, aunque no se muestra mucho) durante muchos años. Hubo una especie de «suerte» (nótense las comillas), que apareció o se puso de moda la educación en positivo. Un espabilado inventó esto y comenzó a llenarse de dinero, gracias a que era lo «natural», según pregonaba en sus anuncios. Tras de él saltaron un montón de educadores caninos que, basándose en la premisa de dar comida al perro, se llamaban educadores caninos en positivo o «premistas» y con un método natural 100%.

A ver, de positivo sí, lo creo, porque es premiar todo tipo de situaciones con algo positivo para el perro para que haga lo que uno quiere que haga, pero de natural, nada. Los perros en la naturaleza no van con sus riñoneras llenas de salchichas dándose premios por hacer las cosas bien. Entre ellos se manejan otros códigos que no son salchichas, ni galletas para perro, ni nada material, sino que es todo a nivel energético. Los perros tendrán o verán como líderes no a quien le dé más salchichas, sino a quien tenga mejor energía. Es como funcionan a nivel natural.

El tema es que con este método de empachar de comida a los perros como si fueran gansos para hacer foie gras (con perdón por lo que tienen que pasar los pobre gansos para beneficio y placer de los humanos, pero es el ejemplo más rápido que me vino a la mente) he visto en cursos y talleres dictados por educadores caninos en positivo a perros vomitar cantidades de salchichas porque no las pueden digerir, ya que por estrés o por ansiedad no están preparados en ese momento para comer o hacer algún tipo de proceso digestivo. Y los pobres responsables, con kilos de trozos de salchichas, jamón o queso en sus riñoneras, que deben llevar como si fuera su DNI cada vez que salen con el perro para premiarle cada acción, terminan agobiados. El perro se condiciona a esto y solo hará las cosas que tenga que hacer, lo que le pida el responsable, solo y solo si hay comida de por medio, y si no hay, no lo hará. O sea, se volverá tirano, literalmente hará todo a cambio de algo. Y lo que se busca es que haya una comunicación o una conexión con su responsable, de eso es de lo que se trata cuando nos llaman para hacer una terapia por la cuestión que sea.

Los premios sirven para el entrenamiento o adiestramiento, eso sí que es efectivo y es una forma de motivar para hacer una prueba o hacer algún tipo de cosa que queramos que el perro realice, como por ejemplo lo perros de trabajo, que se los motiva con comida o con un elemento agradable, como puede ser un juguete. En este caso sí que va bien la comida, la salchicha o simplemente una caricia, pero en la educación canina, no.

¿Y por qué hago este comentario con respecto a los educadores caninos en positivo? Pues muy simple, porque todo aquel que sale con un certificado bajo el brazo de educador canino ya sale al mercado creyendo que es experto en perros y en muchas ocasiones (no en todas, hay entrenadores caninos en positivo que son muy buenos, de esos no tengo nada que decir, pero de una gran parte, sí) el hecho de haber recibido un diploma le hace creer que dando premios al perro ya es educador canino. No me parece justo para los perros ni para sus responsables. Mi abuela (en La Paz, Mendoza, donde nací y viví años), cuando yo era niño, ya enseñaba al perro de la casa con comida. Le daba su ración si no entraba en la cocina, pero eso no quiere decir que era un perro educado y que mi abuela Rosalía era educadora canina, sino que al perro se le condicionó a hacer eso (en este caso a no hacerlo) con un soborno, tan simple como eso.

Luego tenemos a quienes se hacen llamar etólogos (algunos de estos, no todos). Educadores caninos o etólogos son mucho más peligrosos y dentro de este grupo están algunos veterinarios que, ante una conducta no deseada que plantea el responsable del perro, enseguida prescriben medicación relajante, ansiolíticos o algún medicamento dopante para tener al perro tranquilo, relajado, en definitiva, drogado, para que no esté activo y deje de hacer cosas que su responsable no desea. Claro, mientras dure el efecto de estos medicamentos (ya que están dopados, como digo) todo va bien, pero cuando se pasa el efecto, el perro vuelve a tener el mismo comportamiento no deseado, lo que trae aparejado tener medicado al perro todo el año para que no actúe con naturalidad. Es una forma fácil y práctica de calmar al perro para que su responsable pueda estar tranquilo. Una cosa es una enfermedad que requiera tranquilizantes y otra es un problema de comportamiento. En ese caso sería mejor sugerirle al responsable del perro la consulta de un educador canino. Sería más lógico y lo enaltecería. Porque dopar al perro, no es amor a los animales, es maltrato.

Cuando un perro tiene un problema de conducta no deseada, lo que hay que hacer es buscar la raíz de ese problema y actuar consecuentemente para remediarlo de la forma más efectiva y natural que se pueda hacer, empatizando y sin alterar sus instintos ni su vida normal. Pero claro, para esto hay que trabajar y dedicarle más tiempo al perro; de la otra forma, dando salchichas y dopando al animal, es más rápido y fácil (para el responsable, claro).

Me viene a la mente un caso que atendí hace años de una perrita American Staffordshire llamada Nona. Esta perra fue un rescate extremo que hizo su actual responsable, ya que esta perra, siendo apenas un bebé de 4 o 5 meses, era maltratada. Esta señora la llevó a su casa, pero claro, del maltrato nunca se recuperó, y entonces en la medida que iba creciendo Nona, cada vez iba teniendo más problemas de socialización, sobre todo con humanos, producto del maltrato recibido de sus anteriores responsables. Al crecer también iba teniendo más fuerza, y se iba haciendo más complicado controlarla. Entonces, la señora recurrió a un educador canino de la vieja guardia. Una vez que la señora le explicó el problema con Nona, el adiestrador determinó que tenía ansiedad y una alta energía, y no se le ocurrió mejor idea para bajar la energía que hacerle hacer ejercicio de activación, como jugar con nudos, juegos de fuerza o todo tipo de actividades para activar más a la perrita. ¿Resultado? Cada vez iba a peor y su responsable, con muy buen criterio, se fue dando cuenta a las pocas semanas de que eso no iba bien y dejó de ir al centro canino a tomar las clases, que, irresponsablemente, lograron, en lugar de mejorar el estado de Nona, empeorar la situación. En realidad, lo que había que haber hecho como terapia es unas sesiones de relajación, bajada de estrés y ansiedad, y luego darle trabajos psicológicos y no físicos.

Por eso mi reflexión como educador canino es que debemos ser muy coherentes antes de aplicar una terapia o alguna actividad, porque en muchas ocasiones depende de los educadores caninos la reinserción del animal en la sociedad, o muchas veces hasta su propia vida, ya que si por desgracia Nona hubiera mordido a alguien, hubiera terminado con una denuncia y muy mal para su responsable y sobre todo para ella, indudablemente. Entonces, con estas cuestiones hay que tener mucho criterio y cuidado.

Actuar irresponsablemente y sin la empatía con la persona que nos consulta, sin ponernos en lugar del perro que lo está pasando mal, no es amor, es maltrato.

Luego están los entrenadores caninos. Y aquí también entra otra discrepancia, ya que hay entrenadores o adiestradores caninos que se dedican a entrenar a perros para realizar servicios comunitarios o sociales muy valiosos, están los perros de asistencia, para invidentes, perros de terapias en hospitales, están los perros detectores de estupefacientes o de explosivos, las brigadas de canes que buscan personas en siniestros o en la nieve…, y todos estos casos son y serán para mí de mi mayor admiración, tanto del perro como de su guía o adiestrador, como así también todo adiestrador que se dedica a preparar a perros para cuestiones lúdicas, divertidas, de interacción entre el perro y su responsable.

Pero están los otros que se dedican a preparar a perros para defensa o guarda, y ahí es donde yo no estoy en absoluto de acuerdo y los amantes de los animales deberían levantar la voz también. ¿Ustedes se han preguntado alguna vez cómo se entrenan a estos perros? Solo hay que entrar en internet para ver las escenas, a los perros se los pone a mil, por decirlo de una manera más coloquial, se los activa mediante amenazas, gritos, movimientos, etc. También se les aplican elementos que causan dolor, como collares de pinchos, para generar más rabia y estrés para que el perro, en definitiva, actúe o ataque, defendiéndose lógicamente, pero en definitiva un ataque. Se somete al perro a todo tipo de estímulos que por naturaleza el perro no usa, es decir, si vamos a la parte natural del can, usa todo lo contrario que lo que quieren estos entrenadores de perro de defensa. Los que saben de perros comprenderán de qué hablo, y para lo que no saben, les explico de qué va.

Los perros son animales depredadores, sí, pero no porque sean depredadores son violentos o de conductas agresivas. Muy por el contrario, los perros son muy pacíficos. Su lenguaje no por nada se llama «señales de calma» o «señales de apaciguamiento». Es decir, un perro antes de atacar por el motivo que sea hará todas las señales de calma posibles para no entrar en pelea o confrontación, y solo si no le queda más remedio, ante la negativa de sus señales (hablemos así haciendo comparación que esté dirimiendo una cuestión con algún otro perro o persona), entonces sí atacará. Entonces, los entrenamientos para perros de defensa se basan en romper un instinto natural suyo, que es la pacificación, o la no pelea, se le hace un lavado de cerebro al perro de tal manera que, sin motivo alguno, sino con una simple señal, atacará.

Pero una pregunta que seguramente ustedes no sean hecho: ¿por qué los perros que supuestamente están superentrenados llevan permanentemente bozal? Pues porque están demasiado desequilibrados, estresados y pueden ser un arma que se dispare imprevisiblemente en cualquier momento y lugar. Una persona que vaya con buenas intenciones a saludar o a pedir una información a una persona que lleve a un perro entrenado para ataque o defensa, tiene el riesgo de que el perro le ataque solo por hacer un gesto o movimiento involuntario.

Esos perros sufren doblemente estrés, primero por los entrenamientos anti naturales a los que les someten, sacarlos de su paz interior, de su equilibrio emocional de calma y relajación y volverlos violentos. Por suerte, no todos los perros que entran en estos cuerpos son aptos, ya que la naturaleza es muy sabia y hay perros que no caen en estas cuestiones y prefieren seguir con su vida pacífica y tranquila, que es para lo que han venido al mundo. Luego, la segunda causa de estrés es someter a los perros que se usan en las estaciones de metro o tren a movimientos de gente, ruidos, megafonías, etc., obligando al perro a un trabajo que él no quiere hacer, bajo ningún punto de vista y sometiéndolo a un escenario absolutamente innecesario y anti natural que le genera ansiedad, estrés y angustia.

Los que se dedican a esto y lucran con esta actividad de entrenamientos no aman a los animales, esto es maltrato, tanto de parte de quienes lo solicitan para que entrenen a sus perros, como de quienes lo hacen para ganar dinero a costa del sufrimiento del animal. Es lamentable que aún haya gente que llama para preguntar si entreno a perros para defensa.

Quiero comentar algo ahora que estamos con el tema de los educadores caninos. Hace poco salió en las noticias que César Millán tuvo un accidente con un perro con el que estaba trabajando por un pedido de una paciente que le pidió que solucionara el problema que tenía el perro con un cerdito que vivía en la casa de la señora. Como prueba se mostraba un vídeo donde se podía ver cómo en un momento del trabajo que se estaba haciendo, el perro corría hacia el cerdo y le mordía la oreja, ocasionándole una lesión, sin mayores consecuencias, pero una lesión. Y ya saltaron todos estos pseudoeducadores caninos contrarios a César Millán. No soy un admirador pleno de César Millán, pero reconozco muchos de sus logros en el campo de la educación canina, que hicieron ver a los perros de otra manera muy diferente a la que estábamos acostumbrados. Y digo que no soy un admirador pleno porque discrepo bastante en varias cuestiones que él hace, pero admiro su trabajo por el bien de los animales. Pero a lo que iba. Salieron a criticar y a decir en las redes sociales cosas como «ya decía yo que era un maltratador», o «¿vieron, tarde o temprano se sabría la verdad?» y así un sinfín de comentarios adversos y agraviantes al percance que tuvo y la persona de César Millán. Bien, todos que trabajamos con animales o no, en algún momento podemos tener o tenemos accidentes, más graves o menos graves, pero están dentro de la probabilidad que cualquier trabajo, y me refiero a cualquier trabajo en donde involucro a todo tipo de tareas, hay una posibilidad de accidentes. ¿Por qué César Millán no los va a tener, si es un ser humano como cualquiera de nosotros y puede cometer errores? Está claro que en este caso salió perdiendo el cerdito, pero ¿somos tan perfectos como para criticar y juzgar una situación como esta o cualquier otra? Cuando uno pone a prueba este tipos de situaciones, es decir, cuando se trabaja con animales, siempre se habla seriamente con los responsables de los perros y se les explica que puede haber accidentes. Y después de tantos años y prestigio que tiene César Millán en esta profesión, dificultó que no hubiera hablado con la responsable del perro y del cerdo comentando que esta posibilidad podría existir. Pero la gente juzga, es gratis hacerlo. No soportan el éxito de quien vino hablando de energía y cuestiones naturales de perro y les rompió un mercado que estaba siendo copado con el sistema en positivo y que les estaba dejando mucho dinero a costa del hígado de los pobres perros por tanta salchicha.

Y luego, la hipocresía, todo es una maldita hipocresía. Esos que critican el hecho de que un perro le mordiera la oreja a un cerdito (que yo también lo siento, indudablemente), seguramente no salen a quejarse que empresas muy importantes fabriquen y vendan cosas como morros deshidratados de cerdos como chuches para perros. ¿Por qué? Pues muy sencillo, porque primero comen el jamón, el chorizo y los embutidos de los cerdos de criaderos-mataderos y luego, lo que no come el ser humano, sirve como chuches para sus perros.

Cuando se hacen críticas hay que ser más sensato y tener más criterio, hay que tener pensamientos propios y coherencia en lo que se predica, se publica y se aplica. También deberían manifestarse en contra de esas empresas de embutidos y en las tiendas de animales que venden estos tipos de accesorios deshidratados de animales (en especial, de cerdos), porque eso sí es maltrato en serio y no amor por los animales.

Otros de los sectores donde los perros son, en mi opinión, maltratados, son aquellos que hacen presentaciones como exposiciones de peluquería o concursos de belleza. En estas ferias o campeonatos nos encontramos con un sinfín de perros de raza que son sometidos horas y horas a exponerlos en lugares atestados de gente, ruido, música, movimiento y muchas situaciones que hacen que estén sufriendo un estrés bastante grande. Aparte de que el perro no quiere (como siempre) estar allí, en esa situación y pasando por este tipo de manoseo. Si está allí, es (más de lo mismo) a beneficio del humano, por diversión del humano o para alimentar el ego del humano. Un peluquero canino de exposición tiene de modelo a un perro horas y horas parado en una mesa cepillando, peinando y cortando el pelo, o secando con un secador que hace ruido; todo esto es, primero, antinatural, y segundo, causa un estrés inimaginable al pobre perro, que soporta todo, no porque él quiera, sino porque está obligado solo porque al responsable se le ocurre.

Los que hemos ido alguna vez y los que vayan a ver estos eventos, pónganse un momento en el lugar del perro y, en lugar de decir «qué mono», «qué belleza de perro», «está quedando perfecto», etc., que solo alimentará el ego de quien está manipulando al perro, empaticen con el perro y piensen cómo se sentirían ustedes si pasan desde horas tempranas de la mañana siendo manoseado, cepillado, peinado, parado horas en una mesa y en los momentos en que no estás allí en esta situación, estás encerrado en un transportín oyendo ruidos, bullicio, etc. Y todo esto sin cobrar (ustedes recuerden que estoy pidiendo que se pongan en el lugar del perro). Eso hace el perro, todo esto y más. ¿Solo por qué? Por el egoísmo del expositor de mostrar su trabajo, sin empatizar con el perro ni pensar en él, en lo que está pasando.

Veamos, no estoy en contra que un perro se bañe o se cepille, o lo que sea para higienizar. Lo malo es el exceso. Hay gente que baña a su perro cada mes. No es necesario y aparte es malo para el perro, porque los perros tienen unos aceites y grasas naturales para protegerse de parásitos, de problemas de piel, etc. Si le quitamos esto con tantos baños, estamos perjudicando al perro (por amarlo, claro). A los perros que son expuestos se los baña cantidad de veces para exponerlos, se les aplica champú, suavizantes y perfumes, que son perjudiciales para el perro. Pero como el mercado de la peluquería y accesorios de embellecimiento manda, porque el dinero está antes que nada, hay que exponer al perro a todo esto para vender y ganar más.

Esto no es amor, esto es maltrato.

Conclusiones

Durante muchos años de trabajo con perros seguramente he cometido muchos errores, habré planteado muchos trabajo de rehabilitación que han salido mal o no han llegado a lo que pretendíamos como objetivo. Pero de lo que estoy seguro es de que siempre, todo lo que he hecho, lo he realizado con amor y con el convencimiento de ayudar sobre todo a los animales.

También el hecho de estar en este ambiente me ha permitido indagar y ver los tejes y manejes que hay en torno a los animales, y ya no hablamos solo de los perros, sino de los animales en general. Pero son tan grandes los intereses que se mueven, que sería muy difícil desde mi modesto ámbito poder luchar contra esta mole de poder y dinero. Aunque sí tengo la convicción de que aportaré un pequeño granito de arena haciendo, al menos en mi entorno, lo que esté a mi alcance para mejorar el bienestar de los animales, sobre todo de los perros, que es lo que me toca más de cerca.

Tengo un gran sueño: poder despertar la conciencia y que la gente conecte con su entorno, con la naturaleza misma, que empaticen con sus perros, con sus animales de compañía, que empiecen a comprender qué es el amor, el cuidado de un animal y hasta dónde llegan los límites para que ese amor no pase a ser maltrato. Y cuando hablo de maltrato no solo estoy refiriéndome a golpear, sino que a veces por querer darle más y mejor a un perro, podemos rozar el maltrato, aunque sea psicológico.

Quiero volver a decirles que no hablo en este libro desde el odio o la bronca, hablo desde la impotencia que tengo y tenemos todos los animalistas, por la falta de amor, por la falta sobre todo de compasión que hay en el mundo hacia los animales y en especial hacia los perros, que son los que conviven en mayor cantidad con los humanos. Siento impotencia al ver tantas empresas lucrándose con los perros, tengo impotencia al ver la explotación para beneficios económicos de empresas y particulares, la impotencia al ver la hipocresía de todos los que de una manera u otra usan a los animales para explotarlos. Hablo desde la impotencia que me invade al ver a las autoridades inertes, inactivas, que tienen las herramientas para parar esto y no las aplican, y no se preocupan por el bienestar de los animales.

En 2015 hice una prueba piloto con el ayuntamiento de Vilobí d'Onyar (Girona), presentando un proyecto para capacitar a la Policía Local (que son los encargados de recoger los perros abandonados o perdidos) para la recogida y captura de los perros. La alcaldesa, que es veterinaria y comprometida con los animales, aceptó y dio los permisos correspondientes para llevarlo a cabo. Los talleres consistieron en cómo atrapar a un perro de la mejor manera para no estresarlos más de lo que podían estar después de la experiencia que estaban viviendo, cómo poner la correa, conocer el lenguaje canino para que las capturas fueran más efectivas y compasivas, cómo transportarlos, cómo tratarlos luego en sus jaulas…, todo lo que hace a la tarea de recogida. Luego se hizo un plan tipo protocolo de cómo actuar para activar las vías de comunicación y difusión para tratar de dar con los responsables del perro más rápidamente, en el caso que el perro se hubiera perdido o escapado. Y si había sido abandonado, dar con el responsable (o irresponsable en este caso) y multarlo.

Todo esto fue una gran experiencia tanto para los guardias como para mí, lo que hizo que se difundiera tanto por medios periodísticos del diario de la provincia de Girona como por mí en mi espacio de radio en Girona FM, donde se hizo la nota y se difundió, diciendo que cualquier ayuntamiento que estuviera interesado en este proyecto se pusiera en contacto, que lo haríamos encantado. Créanme, no llamó nadie, y mi pregunta (sigo haciéndome preguntas casi sin respuestas ya terminando este libro): ¿por qué no hay quien se interese por el bienestar de los animales? O mejor dicho: ¿qué intereses hay en el maltrato o en el abandono de animales?

Dedicatorias y agradecimientos finales

Quiero tomarme el atrevimiento de dedicar este libro a una persona que sí es animalista de verdad, una persona que no es *mascotera* como definí al comienzo de este libro. Le cabe perfectamente la definición de «animalista». Su nombre es Rosana. Tiene apellido, lógicamente, pero solo diré su nombre, porque ella es tan humilde que no me dejará dar su nombre completo, porque la conozco y sé que ella dirá que el anonimato es la mejor manera de homenajear. Es una chica argentina que desembarcó en Blanes y desde allí, desde hace muchos años, dedica literalmente gran parte de su vida a los animales.

Perdonen, pero voy hablarle en argentino a Rosana para que me entienda mejor y se sienta identificada. «Negra, sos una mina de hierro, tu dedicación a los animales y sobre todo a los gatos despierta mi admiración y de muchos pibes, porque sos una genia en este aspecto, porque toda la guita que ganas en el laburo no te la gasta en pilchas, ni en cosas para vos, sino que se las entregas para el bienestar de los gatos y los perros, sos una grosa y te re-queremos por ser como sos, te metes siempre en cada quilombos por defender a un animal, pero es parte de tu vida. Sé que muchas veces te dicen que sos una boluda porque pierdes tanto tiempo en defender a los bichos, pero no es así, es parte de tu filosofía de vida, de tu meta en esta existencia y nuestra admiración es con mayúsculas por ser tan crack».

Rosana es una persona que tiene su vida normal, como cualquier otra persona, su trabajo y sus actividades, pero sus ratos libres los dedica por completo a los animales, todo el dinero que gana (aparte las cosas elementales para vivir) lo entrega para esterilizar a los gatos de la calle, para rescatar a gatos o a perros de abandonados o incautar a perros maltratados y darles una oportunidad, haciéndose cargo de los gastos que ocasionen, como la esterilización, la medicación, el mantenimiento de alimentos, traslados, etc.

Ella es voluntaria de una protectora (APAP Tossa de Mar) donde, haya lo que haya, sean ferias, eventos, desfiladas, etc., ella siempre está pase lo que pase, y no contenta con esto, una vez a la semana (los domingos, su día de descanso) va a la protectora a ayudar (a otras personas muy comprometidas con la protección animal, Isabel y Michel) a limpiar jaulas, a medicar, a lavar perros y a hacer todo lo que haga falta allí, porque el compromiso con los animales lo tiene grabado en el corazón y lo hace totalmente gratis. Su altruismo es tan grande que no hay palabras para definirlo. Definitivamente, esto es amor a los animales.

Gracias, Rosana, mil gracias de parte de todos los animales a los que has podido ayudar a lo largo de estos años.

También, el agradecimiento infinito a mis maestros, los animales, que me enseñan día a día a poder conectar con la naturaleza y las necesidades de ellos para poder estar mejor con esta especie «inferior», los humanos. Gracias a ellos por esa enciclopedia viviente en donde puedo leer cada día un capítulo distinto y apasionante de la vida animal.

Un gracias enorme también a todas las personas que han adoptado y les han dado una oportunidad de vida digna a perros, gatos y a cualquier tipo de animal que haya sufrido algún maltrato y han cobijado en sus hogares con el solo propósito de ayudarle a él más que a nadie. Gracias a aquellas clínicas veterinarias y profesionales de la salud animal preocupados y ocupados por el bienestar de los animales. Gracias a todos aquellos terapeutas y profesionales que trabajan día a día con perros sobre todo desde la empatía y el buen trato. Gracias a los funcionarios, fundaciones y entidades que colaboran y luchan contra el maltrato animal. Queda mucho por hacer, pero lo poco que se hace ayuda.

Agradezco a Josep María Juanpere Crusellas, veterinario de Natural Veterinaris (Canyelles, Barcelona) y a Lidia Guilera, de Centre Veterinari Tossa (Tossa de Mar, Girona), por las ayudas desinteresadas cada vez que les hago una consulta.

Y para finalizar, dedicado todos los perros y animales maltratados, abandonados y explotados, con el deseo de que el hombre como especie vuelva a sentir amor, compresión, respeto y empatía por todos ellos.

Por la venta de este libro en papel, 1 € va a la protectora
Fundación Chari Cruz, en Tossa de Mar (Girona):
www.fondationcharicruz.org

El autor

Coqui Vega es educador y terapeuta canino. Ha creado un método de aplicación en conductas no deseadas de los perros basada en la energía, el equilibrio y el instinto. Colaborador de protectoras, imparte charlas y cursos para mejorar el enmtendimiento del hombre con el perro.

Página web del autor:
www.coquivega.com

www.ingramcontent.com/pod-product-compliance
Ingram Content Group UK Ltd.
Pitfield, Milton Keynes, MK11 3LW, UK
UKHW041829200726
13854UKWH00002BA/887

9 788416 496518